国学百

儒家先哲

总主编 韩品玉
本书编著 于 慧 翟荣惠

山东城市出版传媒集团·济南出版社

图书在版编目（CIP）数据

儒家先哲 / 于慧，翟荣惠编著. —济南：济南出版社，2020.6
（国学百科 / 韩品玉主编）
ISBN 978-7-5488-4480-8

Ⅰ.①儒… Ⅱ.①于… ②翟… Ⅲ.①儒家—传统文化—中国 Ⅳ.①B222

中国版本图书馆CIP数据核字（2020）第101270号

出 版 人	崔　刚
丛书策划	冀瑞雪
责任编辑	殷　剑
装帧设计	侯文英　谭　正

出版发行	济南出版社
地　　址	山东省济南市二环南路1号（250002）
编辑热线	0531-86131747（编辑室）
发行热线	82709072　86131701　86131729　82924885（发行部）
印　　刷	山东新华印刷厂潍坊厂
版　　次	2021年4月第1版
印　　次	2021年4月第1次印刷
成品尺寸	150 mm×230 mm　16开
印　　张	10.25
字　　数	148千
印　　数	1—5000册
定　　价	46.00元

（济南版图书，如有印装错误，请与出版社联系调换。联系电话：0531-86131736）

编委会

总 主 编 韩品玉
副总主编 徐文军　刘法礼　崔　萍　郑召波
本书编著 于　慧　翟荣惠
编　　委（按姓氏笔画排序）
　　　　　　于　慧　马玮楠　王　静　王文君　史晓丽
　　　　　　庄　琪　刘法礼　刘静怡　孙金光　时双双
　　　　　　张　洁　张婉清　邵林喜　林　荣　郑召波
　　　　　　赵　岩　赵　洋　赵英兰　赵宝霞　徐文军
　　　　　　徐丽慧　崔　萍　宿光辉　董俊焱　韩　潇
　　　　　　韩品玉　翟荣惠

学术委员会主任　王恒展　徐文军

漢唐書局

总　序

　　中华优秀传统文化是民族智慧的结晶，其价值历时而不衰，经久而弥新。对处于学习、成长关键期的青少年来说，优秀的传统文化不仅可以帮助他们汲取知识、开启智慧，而且能提升他们的核心素养，促其全面、健康地成长。因此，加强中小学阶段的优秀传统文化教育，是当前我国教育事业的重要任务。

　　这项任务的重要性和紧迫性，鲜明地体现在中小学的教学工作中。随着部编本中小学教材在全国的铺开，传统文化内容的比重大幅度提升。面对传统文化内容的激增，许多教师、学生和家长颇感迷茫，不知如何应对。正是在这一形势之下，《国学百科》适时推出。

　　这套书包括九册：《儒家先哲》《诸子学说》《文学殿堂》《艺术之林》《科技制作》《史地撷英》《人生仪礼》《岁时节令》《衣食文化》。其使用对象，主要是中小学生。

一、本书的特点

——教材内容的关联性

　　众所周知，传统文化体系庞大、内容繁杂。《国学百科》该怎么选取编纂的基点呢？编写组对全日制中小学教材所涉传统文化内容进行了周详的研判，确定了一项基本编纂原则：丛书所涉知识点要与中小学相关课程有关联。这里所说的"知识点"，即体现在丛书各册林林总总的条目上。这些知识点是对教材既有知识的一种打通；难度呢，定位于与教材相当或稍高。如此，便形成了以相应学段和年级的课本内容为中心，渐次向外辐射的知识分布格局。

——学科覆盖的全面性

通观本丛书各册书名，有的明显对应某门课程，如《文学殿堂》对应语文，《史地撷英》对应历史、地理，《艺术之林》对应艺术课。还有些书目，表面上看来与现有课程并不挂钩，实际上关系非常密切。《儒家先哲》《诸子学说》分别从人物和学说的角度切入传统文化的内核，《人生仪礼》正面呈现传统文化"礼"的重要内容，《科技制作》《岁时节令》《衣食文化》分别从传统科技、节日和衣食的维度来讲述传统文化的某一侧面。总体而言，这套书由中小学课程涉及的知识点生发开来，基本形成了全面、完整的传统文化知识体系。

——科学健康的引导性

对中华优秀传统文化的学习，不应只停留在知识的层面，而应通过学习，将知识转化为内在的修养和外在的行动，转化为正确看待问题、解决问题的能力，实现个人的健康成长和全面发展。本丛书以此为理念，在编写中融入科学精神和人文情怀，以潜移默化地引导青少年读者。如翻开《儒家先哲》一书，我们可以看到，古代那些伟大的圣贤，往往不是崇尚空谈的理论派，而是"知行合一""经世致用"的实干家。他们身上所体现的科学精神、创新精神、实干精神，对于提升中小学生的核心素养，引导其健康成长、全面发展，具有积极的作用。

二、本书的价值

——助力获取各门课程的传统文化知识

如前所讲，中小学德育、语文、历史、艺术等课程都大幅增加了传统文化的内容。使用此书，便可帮助学生扫除相关学科的学习障碍。比如学习语文课时，配合使用《文学殿堂》一书，无论寻找人物生平还是查阅作品概览，都极为便利。将课上所学知识与本丛书所讲知识相互印证，还可帮助学生触类旁通。比如学生在学习外语课时遇到了"父亲节"的知识，翻开《岁时节令》一读，也许会"哇"的一声，因它可能会颠覆学生"父亲节"只在西方的认知，使他们了解到中国曾有自己的"父亲节"。

——利于形成全面的传统文化知识体系

如今的中小学教育，除在各门课程中增加传统文化的比重外，还设置了专门的传统文化课程。这些课程的教材有的侧重于经典诵读，有的分述某一传统文化类型。我们认为除此之外，还应引导学生建立全面的传统文化知识体系。这有助于培养他们认识、理解传统文化的宏观视野。这套涉及传统文化方方面面的《国学百科》，便可作为现有传统文化教材的补充，为中小学生全面、系统地学习传统文化搭建一个台阶。

——积极引导青少年读者的全面发展

学习此书，可突破应考的瓶颈，从为人生打底子的高度，助力读者在获取知识的同时，走上全面、健康的成长之路。《儒家先哲》《诸子学说》中圣贤的伟大人格、动人事迹和高深智慧，将对青少年的品德修养和能力培养产生积极的影响。《科技制作》在普及我国古代科学知识的同时，将创新精神和工匠精神贯穿其中。《人生仪礼》在对人生重要仪礼的介绍中，渗透对生命和亲情的赞美，以此来引导青少年树立正确的世界观、人生观、价值观；全书坚持以现代科学的眼光，辩证地讲解传统仪礼和习俗，以培养青少年的辩证思维能力。《文学殿堂》《艺术之林》有助于青少年感受真善美，培养审美能力。《史地撷英》《岁时节令》《衣食文化》通过对祖国历史、地理、传统节日和传统衣食相关知识的讲解，激发青少年的民族自豪感、国家荣誉感和文化归属感。

《国学百科》可丰富传统文化知识，全面提升人文素养，一旦开卷，终身有益！

韩品玉
2020年冬月于泉城吟月斋

目录

前言 / 9

一 孔子
1. 孔子其人 / 11
2. 《论语》其书 / 12
3. 孔子对"礼"的思考 / 13
4. 孔子对"仁"的思考 / 15
5. 孔子心目中的理想人格
　　——仁人 / 16
6. 孔子的人生态度——乐以忘忧 / 17
7. 孔子论"天命"和"鬼神" / 19

二 孟子
1. 孟子其人 / 21
2. 《孟子》其书 / 22
3. 民贵君轻 / 23
4. 制民之产 / 24
5. 教以人伦 / 25
6. 性善论 / 25
7. 心性论 / 26
8. 养气说 / 28
9. "大丈夫"的人格理想 / 29

三 荀子
1. 荀子其人 / 30
2. 《荀子》其书 / 31
3. "天行有常" / 32
4. "明天人之分" / 33
5. "制天命而用之" / 34
6. "化性起伪" / 35
7. "明分使群" / 36
8. 作为"度量分界"的礼 / 37
9. "隆礼""重法" / 38

四 董仲舒
1. 董仲舒其人 / 40
2. 《春秋繁露》《天人三策》/ 42
3. "大一统"的政治主张 / 43
4. 天人感应 / 44
5. "三统"历史循环论 / 45
6. "性三品"说 / 46
7. 三纲五常 / 47

五 韩愈、李翱

1. 韩愈其人 / 49
2. 排斥佛、老 / 51
3. 恢复"道统" / 52
4. "道"的内涵 / 53
5. "性三品"说 / 54
6. 李翱与"复性"说 / 55
7. "不动心"的修养方法 / 57

六 周敦颐

1. 周敦颐其人 / 59
2. 《太极图说》《通书》/ 61
3. "无极而太极"——论宇宙的生成 / 62
4. "主静"——仁义道德发挥的根本 / 63
5. "诚"——社会道德的最高原则 / 64
6. "圣人"是怎样的人 / 65
7. 圣人要做的事——"立教" / 66
8. "孔颜乐处"乐什么 / 67

七 张 载

1. 张载其人 / 69
2. 《正蒙》其书 / 71
3. "太虚即气"——"气"构成了世界 / 72
4. "一物两体"——"气"包含两个对立面 / 72
5. "万物皆有理"——对人类认识活动的思考 / 73
6. "善反之,则天地之性存焉"——对人性的思考 / 74
7. 《西铭》与"横渠四句"——对人生境界的思考 / 75

八 程颢、程颐

1. 程颢、程颐其人 / 78
2. 《二程全书》/ 80
3. "天理"的提出 / 80
4. "有理则有气" / 82
5. "性即理" / 83
6. "仁者浑然与物同体" / 84
7. "涵养须用敬" / 85
8. "致知在格物" / 87

九 朱 熹

1. 朱熹其人 / 88
2. 朱熹的著作 / 89
3. 理与气 / 90
4. 理一分殊 / 91
5. 格物致知 / 92
6. 道心与人心 / 93

7. 至诚尽性 / 94
8. 道统 / 95

十　王守仁
1. 王守仁其人 / 97
2. 《传习录》/ 98
3. 《大学问》/ 99
4. "心外无理"与"心外无物" / 100
5. "致良知"与"知行合一" / 102
6. "四句理"与"四句教" / 104
7. "心物同体"与"万物一体" / 106

十一　顾炎武
1. 顾炎武其人 / 108
2. 《日知录》其书 / 110
3. "经学即理学"——倡导复兴经学 / 111
4. "明道"与"救世"——通经致用的学术宗旨 / 112
5. "博学于文""行己有耻"的立身处世原则 / 113
6. 进步的社会政治主张 / 115
7. "读万卷书，行万里路"的治学方法 / 116

十二　黄宗羲
1. 黄宗羲其人 / 118
2. 《明儒学案》/ 120
3. 对心学的改造 / 121
4. 《明夷待访录》/ 122
5. 肯定"人性之私" / 123
6. 论君民关系 / 123
7. 论君臣关系 / 124
8. 恢复"天下之法" / 125
9. "置相"以限制君权 / 126
10. "学校"议政 / 127

十三　王夫之
1. 王夫之其人 / 128
2. 《船山遗书》/ 130
3. "天人之蕴，一气而已"——气是世界的本原 / 131
4. "日新之化"——世界处于变化发展中 / 132
5. "'能'必副其'所'"——主观要符合客观 / 132
6. "知以行为功"——"行"在认识中的主导作用 / 133
7. "性日生而日成"——人性是可以养成的 / 134
8. "理必寓于人欲以见"——理、欲统一 / 134
9. "理势相依"——历史发展的规律和趋势相互统一 / 135

10. "一姓之兴亡，私也"
    ——民本思想的发展 / 136
11. "岂必恃一人之耳目以弱天下"
    ——反专制精神 / 136

附 录
1. 从六经到十三经 / 138
2. 五经 / 141
3. 《周易》/ 142
4. 《尚书》/ 144
5. 《诗经》/ 145
6. 《仪礼》《礼记》和《周礼》/ 147
7. 《春秋》及三传 / 149
8. 四书 / 152
9. 《大学》/ 153
10. 《中庸》/ 155

前　言

中国传统文化是中华民族精神的基因，数千年来代代传承，从未中断，我们当前的思想感情和仪容行止无不带有民族文化的烙印。儒家文化是中国传统文化的主体，深刻地影响和塑造着中华民族的灵魂与面貌。儒家文化中有许多优秀的内容，如刚健有为、积极进取、温和谦让、仁民爱物、中庸不偏、博大宽容等。对于儒家文化，我们要有全面深入的了解，在掌握民族文化要义的基础上，对它进行甄别评判和选择运用。

编写这本书的目的，首先是要让读者了解历代儒家先哲的思想精义，知道他们在各自的时代对宇宙、人生有哪些追问、探求和发现。同时，要让读者认识到，儒家思想是一个开放的系统，它在不断地融入新鲜血液而不断地新生，至今仍然闪烁着熠熠光芒，给我们带来启示。例如，儒家思想中特有的修养理论，历史上曾对整个中华民族的道德情操产生过重大影响；今天，作为宝贵的思想财富，这些理论也能够在道德建设中起到积极的作用。儒家思想不仅没有断裂，而且依然保持着活力，也必将为民族文化的发展做出新的贡献。

我们真切地希望这本书能成为读者的良师益友。通过对儒家先哲事迹、思想的巡礼，读者能够走近圣贤，借力经典，在当今的社会中走得更加坚定有力。

2020年冬月

一 孔 子

1. 孔子其人

孔子（前551—前479），名丘，字仲尼，鲁国陬邑（今山东曲阜）人。孔子的祖先是西周宋国的贵族，其曾祖孔防叔始迁居鲁国。孔子的父亲叔梁纥曾做过鲁国陬邑的邑宰。叔梁纥年老时娶颜徵在，婚后不久颜徵在生了孔子。据司马迁《史记·孔子世家》记载，孔母"祷于尼丘得孔子"，这大概是孔子得名的原因。

孔子像

孔子三岁时，父亲去世，母亲便带着他离开陬邑，迁居到鲁国国都曲阜城内的阙里。孔子年幼时，"为儿嬉戏，常陈俎豆，设礼容"（《史记·孔子世家》），喜欢学习各种知识和礼仪。他十六七岁时，母亲去世。少时的孔子生活困苦，因此他说："吾少也贱，故多能鄙事。"（《论语·子罕》）艰难的境遇激励孔子奋发图强，他一面谋生，一面刻苦自学、磨砺自我，很快就在社会上获得了一定的声誉。二十岁以后，他做过管理仓库的"委吏"和管理畜牧的"乘田"等小吏。

孔子少年时即有志于学，且终身勤学不息。他说："我非生而知之者，好古，敏以求之者也。"（《论语·述而》）他曾向郯子询问郯国的古代官制，也曾到东周王都雒邑（在今河南洛阳）考察周代礼乐，问礼于老聃，问乐于苌弘。孔子三十岁左右学有所成，便开始设教闾里，招收学生。相传他有弟子三千，其中有七十二位贤人。他因此成为中国教育史上首位开办私学的教育家。

孔子所处的年代，鲁国公室衰落，世卿季氏大权在握。鲁昭公二十五年（前517年），鲁国发生内乱，鲁昭公兵败，出奔齐国。孔子也来到齐国，希望得到齐景公的任用，但由于晏婴的反对，最终未能仕齐。于是孔子回到鲁国，继续从事教育和古代典籍的整理工作，一直到五十岁。

孔子五十一岁时，被季桓子执政的鲁国委任为中都宰，后又被任命为司空和大司寇。任大司寇期间，他展现出杰出的政治才能。为了强公室、抑三卿，他曾发动"堕三都"的活动，但是以失败告终。因与季氏矛盾尖锐，他不得不携弟子周游列国。他先后到过卫、曹、宋、陈、蔡等国，论道求仕，但处处碰壁。周游列国十四年之后，已步入晚年的孔子又回到鲁国，继续从事教育及文献整理工作，直到去世。

孔子是春秋末期最有影响的思想家、教育家、政治活动家。他创立的儒家思想成为其后两千多年中国文化的核心，是中华民族文化精神的集中体现。他本人则被后世尊为"圣人""至圣先师""万世师表"等。

2.《论语》其书

《论语》由孔子的弟子及其再传弟子编撰而成，以语录体散文的形式，记录孔子的言语以及孔子与弟子或时人的对话。全书共二十篇、四百九十二章，每篇的标题取自首章首句的前两个字，各篇之间没有时间的先后顺序。《论语》集中体现了孔子的政治主张、伦理思想、道德观念以及教育原则等，是儒家的经典之一，也是后人研究孔子思想的主要依据。

西汉时期，《论语》有今文《齐论语》《鲁论语》和古文《论语》三种版本。西汉末

《论语》

年，张禹以《鲁论语》为基础，参考《齐论语》，编纂而成《张侯论》。东汉末年，郑玄又混合《张侯论》与古文《论语》，这便是现行的《论语》。

现存最早的《论语》注本是何晏《论语集解》。另外，朱熹《论语集注》、刘宝楠《论语正义》也是很著名的注本。南宋时期，朱熹将《论语》与《孟子》《大学》《中庸》合称为"四书"。

3. 孔子对"礼"的思考

"礼"是孔子政治思想中的重要概念，在《论语》中出现频率很高。"礼"就是周礼，是在周初形成的一整套典章、制度、仪节、规范。作为制度文化，它既是政治原则，又是修身原则，对形成和维护西周社会的宗法等级秩序产生了关键性的作用。孔子说："周监（鉴）于二代，郁郁乎文哉！吾从周。"（《论语·八佾》）这表达了他对西周礼仪制度的赞美之情。

孔子生活的春秋时代，早期奴隶制崩溃，氏族统治体系已经瓦解，臣弑君、子弑父的事情屡屡发生，社会动荡不安。孔子对这种"礼坏乐崩"的现象痛心疾首，认为已经到了"天下无道"的地步。在他看来，出现这种情况，是因为周礼的权威已遭破坏，各种礼制名存实亡。要制止暴行、重整秩序，就必须恢复周礼，加强宗法等级制度。孔子一生都致力于恢复周礼，他说："如有用我者，吾其为东周乎？"（《论语·阳货》）

怎样恢复周礼？怎样才能使仪节、规矩产生效力？孔子认为，最关键的是"正名"，它是使礼产生效用的前提。他说："名不正则言不顺，言不顺则事不成，事不成则礼乐不兴，礼乐不兴则刑罚不中，刑罚不中则民无所错（措）手足。"（《论语·子路》）要恢复周礼、整顿秩序，必须正名。只有正名，才能使刑罚起到应有的作用，百姓的生活才得以安顿。

所谓"名"，是周礼所规定的等级名分。在孔子看来，名分要遵守古制，不可随意更动。而当时的情况是，名实常相背离，上下尊卑

的秩序被打乱了。例如季氏作为大夫而舞八佾，属于僭越，对此孔子愤慨地说："是可忍也，孰不可忍也？"（《论语·八佾》）

孔子所正之名，首要的是"君君，臣臣，父父，子子"（《论语·颜渊》）。被称为"君"的人，就要具备"君"所应有的德行，得到"君"所应有的权力；被称为"臣"的人，就要具备"臣"所应有的德行，履行"臣"所要履行的职责……社会中的每个人都要根据名分来确定自己的角色，这样才能恢复本有的等级秩序。

在礼的运用上，孔子强调重视礼的实质，反对流于形式。他说："礼云礼云，玉帛云乎哉？乐云乐云，钟鼓云乎哉？"（《论语·阳货》）玉帛和钟鼓只是礼乐的形式，人们的礼乐活动不应停留在形式上，而要凸显礼乐的实质。他还说："麻冕，礼也；今也纯，俭，吾从众。"（《论语·子罕》）用麻来织礼帽是传统的礼的规定，现在大家都改用丝来制作礼帽了，这虽然和过去的礼不同，但合于俭德、顺乎人心，所以孔子支持这样的改变。这里，孔子强调的是礼要顺乎人心。礼的仪式重在表达内心，而不在于场面多么隆重，因此他说："礼，与其奢也，宁俭；丧，与其易也，宁戚。"（《论语·八佾》）仪式的简约朴素，胜过铺张奢华；在丧礼上心含悲痛，胜过仪节的繁复。这样就把礼和人心联系起来了。孔子又说："人而不仁如礼何？人而不仁如乐何？"（《论语·八佾》）不仁之人，没有真心，虽行礼乐，也是徒具形式。

关于礼对政治秩序的价值，孔子说："道之以政，齐之以刑，民免而无耻；道之以德，齐之以礼，有耻且格。"（《论语·为政》）只用政令和刑罚来统治民众，虽可一时防范民众作乱，但不能使人们对罪恶产生羞耻感，也就不能保证民众以后不作乱；如果礼治德化与政令刑罚并用，就能使民众产生道德感，从而自觉约束自己的行为，达到预防作乱的目的。这样的论述，使礼和道德人心建立了联系。与刑的外在强制性相比，礼的优势就在于把秩序和人心联系了起来。

礼不仅有为政的价值，而且与道德修养有关。孔子曾对儿子孔鲤说："不学礼，无以立。"（《论语·季氏》）学礼，才能成为有道德的君子。"君子博学于文,约之以礼,亦可以弗畔(叛)矣夫。"(《论语·雍也》)君子不仅要广泛学习文化知识,而且要约束自己的行为,才能使自己不越规矩、不犯错误。

4. 孔子对"仁"的思考

"仁"字在《论语》中出现了上百次,是孔子思想的主要范畴。这一范畴在孔子之前就有,但将其作为思想的核心,则是孔子的创造。孔子对这一概念进行发挥,形成了他的仁学思想。

"仁"的字义,从"人"从"二",指人与人之间的关系。那么,孔子所说的"仁"指怎样的人际关系呢?《论语·颜渊》记载:"樊迟问仁。子曰:爱人。"可见孔子认为,仁的基本含义就是"爱人",即普遍地给予他人关怀和同情,用爱来处理人与人之间的关系。爱是人类的一种美好情感,如此说来,仁学思想是建立在情感性的心理原则之上的,并赋予了人性最美善的本质。

孔子又讲了仁的根本。他说:"其为人也孝弟(悌),而好犯上者,鲜矣。不好犯上而好作乱者,未之有也。孝弟也者,其为仁之本与!"(《论语·学而》)孝悌就是对父母、兄长的爱。这种血亲之爱,是人类最重要的爱,也是爱的开端。以孝悌为起点,扩展到对其他人及物的爱,也就是"弟子入则孝,出则悌,谨而信,泛爱众,而亲仁"(《论语·学而》)。由孝而悌,而朋友之信,而博爱众人,这样就接近了仁。孔子将源自血缘之爱的孝悌作为仁的根本,为仁建立了现实而合理的基础。

那么,怎样实现仁呢?孔子的弟子曾参说:"夫子之道,忠恕而已矣。"(《论语·里仁》)他认为"忠恕"就是实现仁的方法。"忠",就是真心实意地为他人着想,也就是孔子所说的"己欲立而立人,己欲达而达人。能近取譬,可谓仁之方也已"(《论语·雍也》)。"能近取譬"的"仁之方",就是由自己的欲求,推想到别人的欲求——自己想要的,是不是别人也想要呢?这是考虑怎样对人。"恕",就是"己所不欲,勿施于人"(《论语·卫灵公》),自己不愿意接受的，也不要强加给别人。这是考虑怎样对己。"忠恕"也就是将心比心、推己及人，在处理自己与他人的关系时，能够设身处地替别人着想，以这样的方式来"爱人"。

礼与仁有十分密切的关系。"克己复礼为仁。一日克己复礼，天下归仁焉。"（《论语·颜渊》）孔子以仁释礼，把礼建立在仁爱的基础之上；同时，仁也受到礼的制约，维护礼的秩序是仁的根本目标。当宰我认为"三年之丧"太长时，孔子说："子生三年，然后免于父母之怀。夫三年之丧，天下之通丧也。予也有三年之爱于其父母乎？"（《论语·阳货》）小孩出生三年后才能脱离父母的怀抱，子女守丧三年，可以算是对父母之爱的回报。既然亲子之爱是三年之丧这一礼仪的缘由，那么，作为心理需求的爱就成了礼仪的基础。这样，礼仪就从外在的硬性规定变成人的内在要求，变成人们自觉的理念和习惯。所谓三年之通丧，是要使子女对父母的爱有一个普遍的表现形式，从而建立起人们普遍遵守的伦理秩序。所以说，仁的根本目标是礼。

就主要方面而言，孔子关于仁的学说，体现了人道精神；关于礼的学说，体现了对制度的重视和对秩序的追求。人道主义是人类永恒的主题，而制度和秩序是维系文明社会的基本要求。孔子关于仁和礼的思考是中国古代政治思想的精华。

5. 孔子心目中的理想人格——仁人

在礼坏乐崩的时代，孔子以仁释礼，把根于心理原则的仁作为礼的基础，也就是把复兴周礼的重任放在了每个社会成员的肩上。如果说仁在外在方面强调爱人，那么，其内在方面则强调个体人格的塑造。在天下无道之时，需要的是一批具备仁的品格的仁人君子。

孔子说："为仁由己，而由人乎哉？"（《论语·颜渊》）复兴周礼，实现仁的目标，需要自觉主动，从我做起。"仁远乎哉？我欲仁，斯仁至矣。"（《论语·述而》）仁的目标虽然高远，但并非遥不可及，只要积极追求，就能实现。"当仁不让于师"（《论语·卫灵公》），对于仁，应该主动实践，有当仁不让的精神。这些论述表明，仁是理想的人格，是伟大的追求，具有这一追求的个体，会主动地承担历史责任，以身作则地去实践。因为求仁是对完善人格的追求，所以孔子特别强调道德修养和学习，这也是他身体力行的。

　　《论语》中有很多对已具备伟大人格的仁人志士的描述："士不可以不弘毅，任重而道远。仁以为己任，不亦重乎？死而后已，不亦远乎？"（《泰伯》）这是说仁人志士怀揣宏伟抱负，主动承担历史重任，孜孜不倦地奋斗，鞠躬尽瘁，死而后已。"可以托六尺之孤，可以寄百里之命，临大节而不可夺也，君子人与？"（《泰伯》）这是说可以把幼小的孤儿和国家的命运都托付给他，他面临生死存亡的关头也不屈服，这样的人就是君子。"志士仁人，无求生以害仁，有杀身以成仁"（《卫灵公》），这是说仁人志士有杀身成仁的决心和准备。类似的论述还有很多，如"内省不疚，夫何忧何惧"（《颜渊》），"三军可夺帅也，匹夫不可夺志也""岁寒，然后知松柏之后凋"（《子罕》）。在这些论述间，《论语》树立了伟大的个体人格。这样的仁人君子，具有救世的理想和自我牺牲的精神。他们不计荣辱得失，"不怨天，不尤人"（《宪问》）；他们临危不惧，坚定执着。孔子的理想就是要做仁人，但他谦虚地说："若圣与仁，则吾岂敢！抑为之不厌，诲人不倦，则可谓云尔已矣。"（《述而》）意思是：说到圣与仁，我怎么敢当？我只不过向圣与仁的方向努力而从不厌烦，不知疲倦地教诲别人学仁罢了。孔子树立的这种仁的个体人格，对中国人的人格养成产生了很大影响，历朝历代都有执着于理想、勇毅果敢、坚强不屈的仁人志士。《论语》经久不衰的魅力，不仅在于它阐释了一套影响中国两千多年的哲学，而且在于它展示了一个动人的仁人君子的形象。

6. 孔子的人生态度——乐以忘忧

　　孔子说："饭疏食饮水，曲肱而枕之，乐亦在其中矣。不义而富且贵，于我如浮云。"（《论语·述而》）尽管生活艰苦，他依然感到快乐。这是一种精神的快乐。他并不反对富贵，反对的只是以不正当手段取得的富贵。他还说自己"发愤忘食,乐以忘忧,不知老之将至云尔"(《论语·述而》)。虽然辛苦忙碌以至废寝忘食,但他总是快乐前行,忘记了生活中的烦恼和忧愁。

之所以能如此,是因为孔子有崇高的精神追求——"道"。因为有崇高的精神追求,所以并不在意周围的物质环境,即使在条件很差时,他依然快乐。他说:"朝闻道,夕死可矣。"(《论语·里仁》)"道"是他的终极追求,他的一生都在求"道"的途中。"君子坦荡荡,小人长戚戚。"(《论语·述而》)君子在通向"道"的光明的路途中奔走,根本不会顾及个人的得失,所以总是快乐的;小人没有方向,每走一步都患得患失,所以常常不快乐。孔子的这种快乐,是一种精神达到了"仁"的境界所产生的快乐。他的学生颜回也拥有这样的快乐。孔子称赞颜回:"贤哉回也!一箪食,一瓢饮,在陋巷,人不堪其忧,回也不改其乐。贤哉回也!"(《论语·雍也》)孔子认为颜回已经达到了仁人的精神境界,因而对他大为赞赏。这种"乐",就是后人常说的"孔颜乐处"。

孔子把对超功利的"道"的追求看得比物质享受更重要。有了这样的精神信仰,就会生活得快乐、充实,并具备超越常人的人格力量。需要说明的是,对"道"的追求,并没有使孔子成为禁欲主义者。他并不拒绝物质享受,在追求超越性的"道"的同时,他仍然保持着一种有节制的世俗的物质生活。这是一种将精神信仰和现世享受结合在一起的生活,它丰富而和谐、节制而自由,使人生通向"乐以忘忧"的境界。

这种通达的态度,使孔子重视人之性情的自由。他认为人的性情只要合于礼,就完全可以顺其自然地流露出来。人们的行为标准,应该有一部分是依从内心而不受外在强制的,是可变的而不是固定的,是活的而不是死的。人们的行为可因时因地,随着性情的自然趋向而有所不同。孔子曾评论伯夷、叔齐、柳下惠等前贤之所为,并总结道:"我则异于是,无可无不可。"(《论语·微子》)前贤的行为虽然值得赞许,但我不一定要同他们一样。有的人过于迂执,不知灵活处变、顺势而为，那么这些人"可与立，未可以权"（《论语·子罕》），就是说，这样的人是不能与其权衡大事的。

7. 孔子论"天命"和"鬼神"

天命（命）是孔子及其弟子谈论的一个重要概念。在古人眼中，天是具有最高意志的、能主宰一切的权威。天命就是天的命令，它被看作是决定大至政权更替，小至个人祸福的力量。孔子的学生子夏曾说"死生有命，富贵在天"（《论语·颜渊》），即贫贱富贵、死生祸福由天命决定。可以说，孔子持有天命论，认为命是外在于人的不可抗拒的力量。他说："道之将行也与？命也。道之将废也与？命也。"（《论语·宪问》）孔子认为他的使命和政治主张能否实现，由命来决定。道的行废，不是人力所能决定的。也就是说，命是来自外部的限制和规定，体现了人的无可奈何的处境。人是受限制的存在，而限制人存在的就是天命。所以，孔子对天命心存敬畏。他说"君子有三畏：畏天命，畏大人，畏圣人之言"（《论语·季氏》），认为天命、统治者和圣人所说的话，这三者都是可敬畏的。

孔子自述经过许多曲折和努力才使自己的行为符合天命："吾十有五而志于学，三十而立，四十而不惑，五十而知天命，六十而耳顺，七十而从心所欲，不逾矩。"（《论语·为政》）这是孔子晚年对自己一生各阶段的概括：十五岁时，有志于道，开始追求理想的品德——仁；三十岁时，学礼已经达到一定的程度；四十岁时"知人"，不再感到迷惑；五十岁时了解了天命；六十岁时，开始顺着天命做事；七十岁时，对规矩的遵从完全出于自然，已经到了从容中道的境界，一言一行从不偏离天命。

孔子还认为，人事虽然是由天命所决定的，但人还是应该尽自己的力量，做他认为应该做的事，不要管成功与失败。子路谈论孔子说："君子之仕也，行其义也。道之不行，已知之矣。"（《论语·微子》）这是说孔子从政为的是实现君臣之义，可他早已经知道，自己所追求的"道"在当时不可能施行，而只能"知其不可为而为之"(《论语·宪问》)。

孔子的一个学生对他说,我不是不喜欢您说的道,只是我的力量不足。孔子回答说,你这是画了一条线把自己限制起来了。在追求道的过程中,个人是不能放弃努力的,不能以命为借口画地为牢。天命可能会使我们的行动失败,但不能阻止我们去做事。

孔子对鬼神的态度也非常谨慎。他不否认鬼神的存在,但也不议论鬼神,所谓"子不语怪力乱神"(《论语·述而》)。子路问他有关鬼神的事,他说:"未能事人,焉能事鬼?"子路又问关于死的事,孔子答:"未知生,焉知死?"(《论语·先进》)这是说,你还没服侍好人,谈什么服侍鬼呢?你还不了解生,谈什么死呢?可见孔子往往回避谈论鬼神。

孔子对鬼神采取敬而远之的态度,说:"祭如在,祭神如神在。"(《论语·八佾》)祭祖先时,心要诚,好像祖先就在那里;祭神也要心诚,好像神就在那里。他又说:"敬鬼神而远之,可谓知矣。"(《论语·雍也》)对鬼神要敬,但又要远离它,这是一种聪明的做法。

由此可见,孔子既不否定也不强调鬼神的存在。之所以采取这种模糊的态度,是因为他认为鬼神的问题不是一个理论问题,而是一个实际问题,他考虑的是回答这类问题的现实意义和影响。因此,对于祭祀鬼神,他关注的是祭礼的实际作用。他的学生曾参说:"慎终追远,民德归厚矣。"(《论语·学而》)举行丧礼、祭礼的意义,在于使民风淳厚,使人们懂得孝悌,进而达到仁的境界。这也是孔子的观点。

在现实中保持理性,重实用、轻思辨,重人事、轻鬼神,孔子的这种实践理性,后来发展成为中华民族文化心理的一个重要特征。

二 孟 子

1. 孟子其人

孟子（约前372—前289），名轲，邹（今山东邹城）人，战国时期思想家、教育家。他自称学习孔子是其一生的志愿，并以孔子思想的传人自居。由于他对孔子思想的继承和发展，后世尊之为"亚圣"。

相传孟子是鲁国贵族孟孙氏的后裔。春秋以后，孟孙氏衰落，其中的一支迁移至邹，改姓孟氏。孟子幼年丧父，靠母亲纺织为生，所以少时贫寒。他后来能成为大学者，离不开母亲的培养，"孟母三迁"和"断织喻学"的故事成为流传至今的教子佳话。"孟母三迁"是说：孟子小时候居住在墓地附近，就经常玩办理丧事的游戏。母亲觉得这样的环境对他的成长不利，便搬迁到集市附近。没想到孟子又学起商人做生意吆喝的样子来，母亲觉得这样也不是正道，于是又迁居到学校附近。从此，孟子学习起揖让进退的礼仪来，母亲这才放下心来。"断织喻学"是讲：孟子小时候贪玩，读书不用功，母亲对此很生气。有一次，母亲将织机上正在织的布割断，对孟子说："读书是为了将来能成大器。如果你现在不好好读书，就会像这被割断的布一样，不会有什么大用。"孟子深受震动，从此勤学不辍。

孟子曾受业于孔子之孙孔伋（子思）的门人。学成之后，他开始聚徒讲学，培养了很多人才。他的思想与孔子、曾子、子思一脉相

孟子像

承，后世把他与子思这一学派称为"思孟学派"。

中年以后，孟子怀着施仁政、行王道的政治理想，周游各国，游说诸侯。他曾到魏国游说梁惠王，但没有得到重视。他又到了齐国，虽然受到齐威王、齐宣王的礼遇，并一度为卿，但其主张并未被采纳。于是他离开齐国，游历了宋、鲁、滕等国。那是一个群雄争霸的时代，合纵连横之说盛行，而孟子所讲的仁政被认为不切实际，所以不被采纳。因政治活动到处碰壁，孟子便回到家乡继续讲学，与学生万章等人著书立说。

2.《孟子》其书

《孟子》一书是孟子的言论汇编，由孟子及其弟子共同编写而成。其书有七篇十四卷传世，包括：《梁惠王》上、下，《公孙丑》上、下，《滕文公》上、下，《离娄》上、下，《万章》上、下，《告子》上、下，《尽心》上、下。

南宋时期，朱熹撰《四书章句集注》，将《孟子》与《论语》《大学》《中庸》合称"四书"。《孟子》在"四书"中篇幅最大，有三万五千多字。

在百家争鸣的年代，要阐明自己的观点，维护自己的立场，批评其他学派，就不得不进行论辩。长于论辩，是《孟子》一书的特征。《孟子》的论辩，巧用逻辑推理，善用比喻，大量使用排偶句、叠句等手法，文风大气磅礴，充分体现了孟子本人激越的情感、刚直的个性和卓越的论辩才华。同时，《孟子》的语言明白晓畅、平实浅近而又精练准确。因此，《孟子》一书不仅是儒家的重要学术著作，也是我国先秦时期成就极高的散文专集，对后世散文家韩愈、柳宗元、苏轼等人的散文创作影响很大。

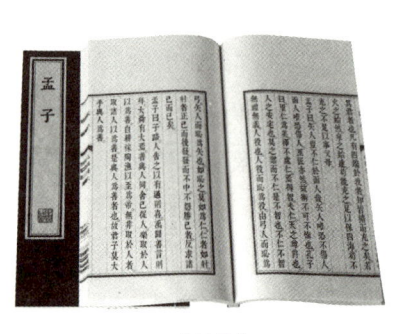

《孟子》

《孟子》的注本，主要有东汉赵岐《孟子章句》、南宋朱熹《孟子集注》、清代焦循《孟子正义》等。

3. 民贵君轻

"仁政"是孟子政治思想的主要内容，其根本点是"民贵君轻"。孟子说："民为贵，社稷次之，君为轻。是故得乎丘民而为天子，得乎天子为诸侯，得乎诸侯为大夫。"（《孟子·尽心下》）他认为，在政治生活中，百姓最为重要，社稷次之，君主为轻。得到百姓拥护的人就能做天子，得到天子信任的人就能做诸侯，得到诸侯信任的人就能做大夫。这就指明，得到百姓拥护者才能成为君主。君主如果失去百姓的拥护，就会成为众叛亲离的"一夫"，就会被赶下王位甚至被诛杀。对于诛杀不仁不义的"一夫"，孟子是持肯定态度的。他说："贼仁者谓之'贼'，贼义者谓之'残'，残贼之人谓之'一夫'。闻诛一夫纣矣，未闻弑君也。"（《孟子·梁惠王下》）"民贵君轻"的思想肯定了百姓反抗暴政的权利，在以后的历史进程中对统治者起到了一定的约束作用，对百姓反抗暴政则起到了一定的激励作用。

孟子认为，治理国家首先要考虑的是民心之向背，他说："桀纣之失天下也，失其民也。失其民者，失其心也。得天下有道：得其民，斯得天下矣。得其民有道：得其心，斯得民矣。"（《孟子·离娄上》）为政者治理天下，最重要的是"得其民"，即得到百姓的拥护。要得民，关键在于得民心。得民心的方法，是给百姓想要的，而不强加给他们不想要的。在此基础上，孟子强调君主应与民同乐。他认识到，"乐民之乐者，民亦乐其乐；忧民之忧者，民亦忧其忧。乐以天下，忧以天下，然而不王者，未之有也"（《孟子·梁惠王下》）。只要想百姓之所想，急百姓之所急，与百姓同忧乐，就一定能治理好国家。

推行仁政也就是实行王道。孟子认为，政治有王道和霸道两种，王道、霸道的区别在于前者"以德"而后者"以力"："以力假仁者霸，霸必有大国；以德行仁者王，王不待大——汤以七十里，文王以百里。以力服人者，非心服也，力不赡也；以德服人者，中心悦而诚服也。"（《孟子·公孙丑上》）倚仗暴力而假装爱民的人行的是霸道，霸道能够建立大国；以德治国而爱民的人行的是王道，王道不一定以大国为基础——商汤凭七十里国土、周文王凭百里国土就使得民心归服。所以，暴力可使百姓服从，但并不能使其心服，因为暴力不能供养百姓；德政则可使百姓心中喜悦而诚心诚意地归服。这里，"以力服人"就是对内强推法令，对外武力兼并，这属于"霸道"；"以德服人"则是用礼乐教化百姓，这属于"王道"。

4. 制民之产

孟子认为，要实行仁政，就应该通过井田制，让百姓拥有土地宅园。这样他们就能有桑麻、畜禽、丝衣、肉食，就能安居乐业而免于冻馁之苦。他说："民之为道也，有恒产者有恒心，无恒产者无恒心。"（《孟子·滕文公上》）"恒产"是指一定的产业收入，"恒心"是指一定的道德观念。"恒产"是"恒心"的前提和物质基础，百姓若没有"恒产"，就不会有"恒心"。若要让百姓有"恒心"，就要使他们有地可种，丰衣足食。

在孟子看来，"苟无恒心，放辟邪侈，无不为己。及陷于罪，然后从而刑之，是罔民也。焉有仁人在位，罔民而可为也？"（《孟子·梁惠王上》）物质保障是道德礼义的基础，如果没有固定的产业，没有可靠的经济来源，百姓为了生存，就会铤而走险、犯上作乱，从而导致社会变乱。若等百姓违了法再用刑罚惩治他们，就是陷害他们。"是故明君制民之产，必使仰足以事父母，俯足以畜妻子，乐岁终身饱，凶年免于死亡，然后驱而之善，故民之从之也轻。"（《孟子·梁惠王上》）如果满足了百姓的物质需求，让他们生活得安乐和顺，那么对他们的教育和管理也就变得轻松了。"圣人治天下，使有菽粟如水火。菽粟如水火，而民焉有不仁者乎？"（《孟子·尽心上》）如果百姓的粮食像水火一样充足，百姓怎么可能不仁爱呢？

5. 教以人伦

孟子认为，推行仁政必然重视道德教化。他说："仁言不如仁声之入人深也，善政不如善教之得民也。善政，民畏之；善教，民爱之。善政得民财，善教得民心。"（《孟子·尽心上》）意思是，仁德的言语不如仁德的音乐更深入人心，良好的执政方式不如良好的教化更深入人心。即使执政方式很好，百姓依旧有畏惧之心；而良好的教化能受到百姓的欢迎。善政能得到财富上的积累，善教则能得到民心。

孟子主张"谨庠序之教，申之以孝悌之义"（《孟子·梁惠王上》），即在满足百姓基本物质需要的基础上，让他们接受良好的教育，尤其要受到道德人伦教育。"王如施仁政于民，省刑罚，薄税敛，深耕易耨。壮者以暇日修其孝悌忠信，入以事其父兄，出以事其长上，可使制梃以挞秦楚之坚甲利兵矣。"（《孟子·梁惠王上》）如果君主对百姓施行仁政，减轻刑罚、少收赋税以促进生产活动，让身强力壮的人抽出时间修养孝亲敬长、忠诚守信的品德，在家侍奉父母兄长，出门尊敬长辈上级，这样的话，即使让他们使用木棒，也可以打败那些拥有坚甲利兵的军队。如果百姓懂得"父子有亲，君臣有义，夫妇有别，长幼有叙，朋友有信"（《孟子·滕文公上》），就能保障社会的正常运转和有序发展，维护社会安定和国家安全。

6. 性善论

孟子仁政思想的理论基础是他的性善论。孟子认为，每个人生来都有一种本性，那就是"不忍人之心"。他举例说："今人乍见孺子将入于井，皆有怵惕恻隐之心。非所以内交于孺子之父母也，非所以要誉于乡党朋友也，非恶其声而然也。"（《孟子·公孙丑上》）意思是，任何人突然看见小孩子要掉到井里，都会生出惊惧和同情之心。这种同情心不是因为和孩子父母之间的交情，不是要在乡亲面前沽名钓誉，也不是因为厌恶小孩的哭声，而是从人的本性中发出来的，是一种天然的、纯粹的对别人的危难和痛苦的同情。这就是"不忍人之心"。

孟子说："人皆有不忍人之心。先王有不忍人之心，斯有不忍人之政矣。以不忍人之心，行不忍人之政，治天下可运之掌上。"（《孟子·公孙丑上》）这是说，古代帝王因为有"不忍人之心"，所以就有"不忍人之政"。用这种仁义之心来行仁政，治理天下就非常容易了。由此可见，孟子仁政思想的基础就是"人皆有不忍人之心"。

孟子把"不忍人之心"也称作"恻隐之心"。除了"恻隐之心"，人还有"羞恶之心"、"辞让之心"（或"恭敬之心"）、"是非之心"。这四种"心"就是所谓的"四端"："恻隐之心，仁之端也；羞恶之心，义之端也；辞让之心，礼之端也；是非之心，智之端也。"（《孟子·公孙丑上》）意思是说，仁、义、礼、智四种基本道德，是从这四种天赋的"心"发端的，也可以说这四种"心"就是这四种道德："恻隐之心，仁也；羞恶之心，义也；恭敬之心，礼也；是非之心，智也。"（《孟子·告子上》）

孟子认为，每个人的本性中都有善的因素。"四端"就是四种善的苗头，使其得到发展，就成为仁、义、礼、智四种道德，所以这四种道德也是人天性中固有的。正如孟子所说："人之有是四端也，犹其有四体也。"（《孟子·公孙丑上》）"四端"就好比人的四肢，是人天生固有的。孟子又说："仁义礼智，非由外铄我也，我固有之也，弗思耳矣。"（《孟子·告子上》）仁、义、礼、智不是由外部授予人的，而是人与生俱来的本性，对此人们只是没有多想而已。

孟子认为，人与禽兽的根本区别，主要就在于人有仁、义、礼、智等道德观念。如果没有这些道德观念，就不能算作人，这就是他所说的"无恻隐之心，非人也；无羞恶之心，非人也；无辞让之心，非人也；无是非之心，非人也"（《孟子·公孙丑上》）。

从这些言论来看，孟子认为人的本性是善的；如果说有为人不善的情况，那也不是人的本性问题，而是那些人舍弃了善的本性。

7. 心性论

以性善论为前提，孟子强调道德的内在性与主体性，认为仁、义、礼、智等道德是与生俱来的，它根植于人的内心。《孟子·尽心上》开头说："尽其心者，知其性也。知其性，则知天矣。存其心，养其性，所以事天也。"这里的"心"就是前文所说的"四端"，"尽其心"就是尽量扩充"四端"。"四端"扩充之后，人的本性就能显现出来，即"知其性"。又因为"天"具有仁、义、礼、智等道德属性，人的本性是"天"所赋予的，所以说"知其性，则知天矣"，也就是说人的"心""性"和"天"是一体的。"存其心，养其性"就是扩充"四端"，发挥仁、义、礼、智的作用。这样，人对"天"就尽了应该尽的义务，即"事天"。

孟子接下来说："殀寿不贰，修身以俟之，所以立命也。"这是说，人生命的长短是"命"所决定的，但是，无论生命长短，都应该努力加强道德修养，这就是"立命"。

孟子还说："莫非命也，顺受其正。是故知命者，不立乎岩墙之下。尽其道而死者，正命也；桎梏死者，非正命也。"这是说，尽管生死是"命"所决定的，但人还是要竭力按照道德要求去做。"知命"的人不会站在危险的墙下。尽力按照道德要求去做，这是"正命"；以为"死生有命"就胡作非为甚至因犯法而死，这就不是"正命"。

孟子又说："求则得之，舍则失之，是求有益于得也，求在我者也。求之有道，得之有命，是求无益于得也，求在外者也。"这里，孟子把人在生活中所做的事分为两种。一种是"求在我者"，这是关于道德修养的事情。对这些事情，如果努力追求，肯定能得到；如果不追求，肯定得不到。另一种是"求在外者"，这是关于贫贱、富贵的事情。这些事情有一定的求取办法，但最终能不能得到，并不是由自己决定的，而是由"命"决定的。孟子认为，人应该致力于"求在我者"；对于"求在外者"，应顺其自然，不必太在意。

孟子接着说："万物皆备于我矣。反身而诚，乐莫大焉。强恕而行，求仁莫近焉。"(《孟子·尽心上》)"万物皆备于我"，也就是我与万物为一体。孟子认为，如果人能"反求诸己"(《孟子·公孙丑上》)，使自己达到与万物一体的境界（"诚"），就会得到莫大的快乐。而要达到这种境界，就需要"求仁"，"求仁"的方法就是施行"忠恕之道"。

8. 养气说

孟子还具体描述了处在上述境界中的人所具备的精神状态——"浩然之气"。《孟子·公孙丑上》说："其为气也，至大至刚，以直养而无害，则塞于天地之间。其为气也，配义与道；无是，馁也。是集义所生者，非义袭而取之也。行有不慊于心，则馁矣。我故曰'告子未尝知义'，以其外之也。必有事焉，而勿正，心勿忘，勿助长也。"

孟子所说的"气"，是一种精神境界或精神状态，处于这种状态中，可以感到这种气无比浩大、刚强。若持续正确地培养它而不加以损害，它就会充塞于天地之间，也就是达到与万物一体的境界，使得"万物皆备于我"了。

如何培养"浩然之气"？那就要"配义与道"，即"义"与"道"相互配合。具体来说，一方面，要了解并相信某种道理，即"明道"；另一方面，要经常做自己认为应当做的事，即"集义"。这两方面要相互配合，不可偏废。在充分地"明道""集义"之后，浩然之气会自然而然地生出，无须勉强就能得到，即"非义袭而取之"。孟子从反面举例说，告子把"义"当成心以外的东西，他从外部取"义"来强制"心"，也就是"义袭而取之"，这说明他不懂得"义"。孟子认为行义是"心"的自然扩展，长久地行义，浩然之气会自然生出。

孟子强调了养浩然之气应注意的问题：他所说的"以直养而无害"，就是用正确的方式培养浩然之气，不要对它有任何损害；"心勿忘"，是指不能忘记、忽略气的培养；"勿正"，即"勿止"，就是要长期坚持养护，不能有一刻停止；"勿助"，指气的培养要顺乎自然，不要揠苗助长。

用什么来判断自己已经养成了浩然之气，或者说何时能感受到"至大至刚""塞于天地之间"的力量呢？孟子说："行有不慊于心，则馁矣。"就是说，如果你对自己的行为有感到愧歉之处，这种气就软弱无力了。反之，如果立于天地之间而没有任何愧怍之处，就会无所畏惧，这样就养成了浩然之气，也就能感受到"至大至刚""塞于天地之间"的巨大力量了。

9. "大丈夫"的人格理想

孟子重视人格建树，提出了"大丈夫"的人格范式。"浩然之气"就是其"大丈夫"人格力量的源泉。

"大丈夫"是什么样的？孟子说："居天下之广居，立天下之正位，行天下之大道。得志，与民由之；不得志，独行其道。富贵不能淫，贫贱不能移，威武不能屈。此之谓大丈夫。"(《孟子·滕文公下》)他所说的"大丈夫"有以下特点：

首先，"大丈夫"兼具仁、礼、义的品德。"居天下之广居，立天下之正位，行天下之大道"，朱熹《孟子集注》注："广居，仁也；正位，礼也；大道，义也。"仁、礼、义是儒家最重要的道德规范，也是"大丈夫"人格的基本内涵。

其次，"大丈夫"不论穷达，都恪守正道，即"得志，与民由之；不得志，独行其道"。他们在朝为官时，抱着兼济天下的志向，为民众做事，与民众同甘共苦；不得志时，仍然坚守自己的为人之道。孟子还进一步指出："士穷不失义，达不离道。穷不失义，故士得己焉；达不离道，故民不失望焉。"(《孟子·尽心上》)士人不得志时也不会失去义，所以安详自得；显达时也不会背离道，所以不会让百姓失望。

最后，"大丈夫"在任何情况下都坚持操守，即"富贵不能淫，贫贱不能移，威武不能屈"。对应仁、礼、义三种道德规范，以及居仁、立礼、行义三种生命实践，孟子分别提出了"富贵""贫贱""威武"三种人生境地。要成为"大丈夫"，就必须做到富贵不能乱其心，贫贱不能移其行，威武不能屈其志。

三 荀 子

1. 荀子其人

荀子，名况，又称孙卿，战国时期赵国人。荀子生活在战国后期，约与诗人屈原同时而稍后。他是孟子之后儒家学派的又一位代表人物，其主要的政治、学术活动时间在公元前298年至公元前238年。

荀子在赵国度过青少年时期，后到齐国的稷下学宫游学，这时正是齐宣王、齐湣王时期。稷下学宫是当时规模最大、水平最高的学术中心，学术氛围自由、融洽，对各家各派兼容并包。荀子在这里潜心读书，广泛涉猎，终于贯通诸子百家。后来齐国发生了一次动乱，荀子离开齐国，来到楚国。直到齐襄王复国后，荀子才又回到齐国。此后，他在稷下学宫"三为祭酒""最为老师"。祭酒是学宫之长，也是名望最高的老师，在祭祀时由其举酒祭神。荀子三次担任祭酒，说明他在学术上有崇高的地位。

荀子曾在秦昭王时期到过秦国，对秦国的政治给予了充分肯定。他还回过赵国，与临武君、赵孝成王谈论过兵事。后来，荀子应春申君黄歇的邀请，到楚国出任兰陵令。过了些年，楚国上层发生变乱，春申君被杀，荀子也被罢官。他便在兰陵住了下来，著书授徒，死后葬于兰陵。

荀子一生主要研究、传习儒家经典，并从事教学。他的学生有很多，其中最为著名的是韩非和李斯，他们分别是战国末期重要的思想家和政治家。因为韩非、李

荀子像

斯是法家的代表人物,所以后来有人怀疑荀子不属于儒家,荀子因此受到许多人的抨击。

荀子是与孟子齐名的儒学大师,也是先秦学术思想的集大成者。他对先秦各派思想进行了分析、批判,为建立统一的封建专制政权做了理论准备。

2.《荀子》其书

《荀子》是战国后期儒家学派最重要的著作,经刘向校理,名为《孙卿新书》,共三十二篇。唐代杨倞为其作注,定名为《荀子》。今传《荀子》就是杨倞编定的。

一般认为,《荀子》大部分篇章是荀子自己所写,《大略》《宥坐》《子道》《法行》《哀公》《尧问》等六篇则为荀子弟子所记。还有人怀疑《儒效》《议兵》《强国》三篇也是其弟子的记录。

荀子学说涉及的范围很广,包括哲学、政治、经济、文学等方面,这些学说都和他所处的社会现实密切相关。在先秦儒家中,荀子的思想体系堪称最系统、最全面,包括了自然观、人性论、社会政治历史观、认识论和逻辑思想等方面,将先秦儒家思想推向一个新的高度,对后来儒家文化的发展产生了深刻的影响。

《荀子》中的文章,说理清晰,逻辑周密,论辩透辟。不但一篇之中首尾一贯、一气呵成,而且全书的理论系统十分严密,各篇之间互有照应。这些文章善用生动的比喻,使说理深入浅出;喜用大量排比句,增强了气势;语言富赡精练,有很强的说服力和感染力。

唐代杨倞的《荀子注》是现存最早的《荀子》注本;清代王先谦的《荀子集解》,汇集、吸收杨倞及清代学者的训诂、考订之成果,内容宏富,考证谨严,代表了我国古代荀学研究的最高成就;民国时期梁启雄的《荀子简释》,综合诸

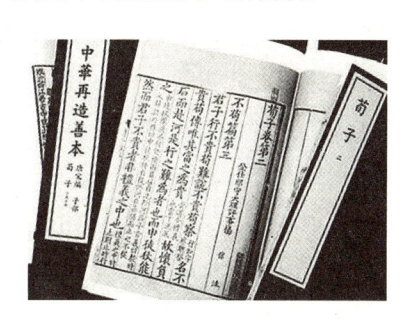

《荀子》

家校释成果,特别重视"简易、简明、简要";当代较好的《荀子》注本有北京大学《荀子》注释组的《荀子新注》、李涤生的《荀子集释》、熊公哲的《荀子今注今译》等。

3. "天行有常"

《荀子·天论》集中体现了荀子的唯物主义自然观。荀子所说的"天",指物质的自然界,它独立于人类社会之外,遵循一定的客观规律而运行。《天论》开篇说:"天行有常,不为尧存,不为桀亡。"意思是,自然界有自己的运行规律,不会因为有尧这样的明君就正常运行,也不会因为有桀这样的暴君就改变运行规律而灭亡。荀子举例说,天不会因为人厌恶寒冷就废止冬季,地也不会因为人害怕辽远就缩小其面积。也就是说,自然界有它自己的规律,不以人的意志为转移。社会中的吉凶、治乱和自然界的变化之间没有必然联系。

荀子对禹、桀时代的自然状况和社会治乱的情况做了比较,他说:"日月、星辰、瑞历,是禹、桀之所同也,禹以治,桀以乱,治乱非天也。"日月、星辰、历象,在禹、桀的时代都是相同的,而禹时天下大治,桀时天下大乱,可见"天"与"治乱"之间没有必然的关联,自然条件不能影响和控制人类社会的运转。

荀子主张把自然和人事区分开来,反对天人感应、祥瑞灾异的神秘思想。他说:"星队(坠)、木鸣,国人皆恐。曰:是何也?曰:无何也,是天地之变,阴阳之化,物之罕至者也。怪之,可也;而畏之,非也。"对于星辰坠落、树木发声、日食、月食、狂风暴雨等异常的自然现象,大家都感到恐惧,其实这不过是自然界本身的变化,并不神秘,只是相对于一般的自然现象而言,它们较为罕见罢了。因为其罕见而感到奇怪,这倒没什么;把它们当成上天对人类的警告并产生恐惧,那就不对了。

荀子认为,如果政治清明,即使那些异常的自然现象同时出现,对社会而言也没什么大碍;如果政治昏暗,即使不出现异常现象,社会状况也好不到哪里去。伤害社会稳定的不是上天,而是人事,是政治的昏暗、生产的破坏和道德的混乱。所以人们不要迷信天的权威。荀子说："强本而节用，则天不能贫；养备而动时，则天不能病；修道而不贰，则天不能祸。"只要人们加强农业这个根本，并节约费用，天就不能使其贫穷；只要衣食齐备，并适时活动，天就不能使其生病；只要遵循规律而不出差错，天就不会使其遭殃。

4. "明天人之分"

在《天论》篇中，荀子否定了天命决定人事的陈旧观点，力主"明天人之分"。他说："受时与治世同，而殃祸与治世异，不可以怨天，其道然也。"这是说，"乱世"所遭遇的天时与"治世"相同，而出现的灾祸却与"治世"相异，这完全是由统治者自己造成的，他没有理由去埋怨"天"。荀子进而说："故明于天人之分，则可谓至人矣。"就是说，如果明白了"天人之分"，就可称作达到最高境界的"至人"了。

"明于天人之分"的"分"，指"职分"。"明于天人之分"，就是说能够区分天的职分和人的职分。在荀子看来，天和人有不同的内在秩序和规律，有不同的分工，发挥着不同的作用。天的职分不同于人的职分，人的职分也不同于天的职分，作为主体的人应该将其区分开而"不与天争职"。"天职"是什么？荀子说："不为而成，不求而得，夫是之谓天职。""天职"就是"天"依照自己的规律，无目的地运行，其作用就是在无形当中使万物得以生成。可见，在荀子那里，"天"是自然的天，即自然界。它没有意志、没有目的，不是具备人格的神。荀子"明天人之分"的思想，划清了天和人的界限，也就是将自然界和人类社会做了划分。他承认自然界独立于人类社会而存在，物质独立于人的意识而存在。也就是说，自然、物质和客观世界是第一性的，社会、精神和主观世界是第二性的。

荀子在肯定了自然界的客观性之后，又讲了人的产生。他说："天职既立，天功既成，形具而神生，好恶喜怒哀乐臧焉。"这是说，由于自然的作用，人有了形体，又由形体而有了精神。他认为，人也是从自然界中产生出来的,是自然万物的一种,所以人和其他动物一样,是在自然界中竞争生存的。

人既然是自然界的产物,就不能违反自然界的规律。那么,人在自然界中的地位是怎样的呢?荀子说:"圣人清其天君,正其天官,备其天养,顺其天政,养其天情,以全其天功。如是,则知其所为,知其所不为矣,则天地官而万物役矣。"意思是,人若能使其"心"保持清明,充分发挥自己器官的功用,尽量利用自然界的东西养活自己,不断地减少祸患、增加福分,就是很好地发挥了自己的能力,天地就可为人所用,万物就可为人所使。如此说来,人虽然是自然界的一部分,但能通过发挥自己的能力,成为天地万物的主人。

荀子认为,人只要"明于天人之分",知道"天职"是什么,并且"不与天争职",知道哪些是自然本有的东西,哪些是人创造出来的东西,不对天抱有幻想,而是尽力发挥自身的作用来创造,这样,就可与天地并立了。所以他说:"天有其时,地有其财,人有其治,夫是之谓能参。"上天有自己的时令,大地有自己的资源,人类有自己的治理方法。人用自己的治理方法建立起社会组织,形成社会秩序,因此,人类社会虽然也处在自然界中,但它又是与自然界对立的,可以说是自然界的一个特殊领域。就这个意义而言,人是与天地并立的。

5. "制天命而用之"

荀子一方面认为天具有伟大的创生力量,人应当敬重天道;另一方面又主张人不要迷信天,而应该在敬重天道的前提下有所作为。《天论》篇中说:"大天而思之,孰与物畜而制之?从天而颂之,孰与制天命而用之?望时而待之,孰与应时而使之?因物而多之,孰与骋能而化之?思物而物之,孰与理物而勿失之也?"意思是:与其因为自然的伟大而思慕它,不如对它加以蓄养和控制;与其顺从自然而颂扬它,不如掌握自然规律而利用它;与其观望时令、等待天时,不如根据四时的变化来运用它;与其依靠万物自然增殖,不如施展人的才能而使它们产生变化；与其在幻想中役使万物，不如管理好它们而真正有所收获。

荀子强调人在自然面前的主观能动性，认为与其迷信自然的权威而去歌颂它，等待它的恩赐，不如利用自然规律来为人服务。虽然自然是无意志的，自然规律是不以人的意志为转移的，但是人可以认识和利用这些规律，在顺应自然规律的前提下，尽到人自身的职分，发挥人的能动性和创造性来造福人类自身。这就是荀子所说的"制天命而用之"。

总之，荀子认为：一方面，自然是第一性的，人要依靠自然、顺应自然；另一方面，人不能听任和等待自然的役使，而应该发挥主观能动性，去控制自然、改造自然。荀子对天人关系的认识，在他那个时代有着巨大的进步意义。

6. "化性起伪"

荀子既重视人对自然的改造，也重视人对社会的改造。他认为社会中的政治制度、道德规范都是由圣人、君主制定出来约束人的行为和处理社会关系的，是外在人为的产物，因而在人性方面，他反对孟子"天赋道德"的"性善论"，提出了与之对立的"性恶论"。这一思想集中体现在《荀子·性恶》中。

荀子所谓"性"，指的是人的天然本性，包括人的情欲、情感、生理本能等。荀子认为，人生来就好利、嫉妒、喜欢享受，如果放任自流，势必导致人与人之间的争夺、杀伐、相互践踏，辞让、忠信、礼义都会遭到破坏，所以说人的本性是恶的。正因为人性本恶，才需要圣人、君主对民众进行教化，制定礼义制度、道德规范来约束、引导民众。如果像孟子所说的人性本善，那么就不需要圣人、君主，也不需要礼义制度、道德规范了。

荀子认为，对于人性问题，首先要区分"性"和"伪"，即区分本性和人为。《荀子·性恶》开篇说："人之性恶，其善者伪也。"这是说人的本性是恶的，之所以有善，那是人为（伪）的结果。善不是人天生就有的，而是由环境影响、自身修炼和学习而形成的品格。他进一步说："凡性者，天之就也，不可学，不可事。礼义者，圣人之所生也，人之所学而能，所事而成者也。不可学，不可事，而在人者，谓之性；可学而能，可事而成之在人者，谓之伪。是性伪之分也。"意思是，本性是天生的，是学不来的，不是后天人为的；礼义是圣人制定的，人们通过学习就能得到，经过努力就能做到。本性和人为的差别即在此。

荀子区分本性和人为的目的，在于说明道德不是人的固有本性，而是后天教化、培养的结果。基于此，荀子提出了"化性起伪"的主张。"化性起伪"指运用礼义教化对人性中的恶进行改造，使之树立道德观念。他说："凡人之性者，尧、舜之与桀、跖，其性一也；君子之与小人，其性一也。"圣君与暴君、君子与小人"其性一也"，即在本性上没有什么差别，都有恶的一面。然而，人之性恶是可以改变的，圣人与众人不同的原因就在于"伪"，也就是说圣人通过后天的学习与努力改变了本性中的恶。是成为圣人还是成为小人，关键在于是"化性起伪"还是纵"性"。以礼义自节，则成为尧、舜，君子；顺其性而贪利、争夺，则成为桀、跖，小人。

7. "明分使群"

荀子从性恶论出发，提出了"明分使群"的社会组织发生论，并以此论证制定礼义制度的必要性。他说："（人）力不若牛，走不若马，而牛马为用，何也？曰人能群，彼不能群也。人何以能群？曰分。分何以能行？曰义。故义以分则和，和则一，一则多力，多力则强，强则胜物。"（《荀子·王制》）人不如牛力气大，不如马跑得快，却能够驾驭牛马，其原因在于人能够结成群体。荀子认为，人之所以区别于动物，在于人能"群"，即有社会组织。有社会组织是人类从动物界分化出来的主要标志。而人之所以能"群"，则在于"分"，"分"就是人在社会中有一定的等级区分和职业分工。

荀子又说："百技所成，所以养一人也。而能不能兼技，人不能兼官。离居不相待则穷，群居而无分则争；穷者患也，争者祸也，救患除祸，则莫若明分使群矣。"(《荀子·富国》)每个人都要靠各种行业生产的各种物品来供养，而一个人不可能兼通各种技艺，也不可能同时管理各种事物，所以人不能脱离社会而生存。但是如果群居而没有职分和等级规定，就会产生争斗。要排除争斗带来的灾祸，没有比明确职分和等级更好的办法了。所以在荀子看来，"分"是组织社会的根本法则。

荀子通过论述"群"和"分"的功能，将人们的关注点由个体引向整体。人的生存离不开社会，分工体系和等级名分制度可以组成社会并使之秩序化。那么根据什么来"分"呢？荀子认为要以"义"来分，也就是要靠人类创造的一套礼义制度来区分与调节不同人的利欲关系。荀子说，"制礼义以分之"(《荀子·礼论》)，"分莫大于礼"(《荀子·非相》)，就是说礼义是现实社会生活中"明分使群"的依据所在。

8. 作为"度量分界"的礼

荀子把礼看成规矩绳墨，用来区分贵贱、长幼、贫富等等级。他说："礼者，贵贱有等，长幼有差，贫富轻重皆有称者也。"(《荀子·富国》)就是说，礼使社会中的每个人在贵贱、长幼、贫富等等级中都有恰当的地位。在荀子看来，礼作为社会的规范，维系着社会的等级制度，是治国安民的根本。

荀子认为，人的本性是追求利欲，而礼的作用就是限制人们对利欲的无限追求。他说："礼起于何也？曰：人生而有欲，欲而不得，则不能无求；求而无度量分界，则不能不争；争则乱，乱则穷。先王恶其乱也，故制礼义以分之，以养人之欲，给人之求。使欲必不穷乎物，物必不屈于欲，两者相持而长，是礼之所起也。"(《荀子·礼论》)意思是，人生来就有欲望，如果没有对欲望的限制，即没有"度量分界"，就会发生争斗、产生混乱。古代的圣王为避免混乱，就制定礼义，划分出"度量分界"来限制欲望。这样，人的欲望和物资的供给达到平衡的状态，欲望不超过物资的供给，物资供给才能保证欲望的满足。可见，荀子认为礼产生的根源在于对欲望的限制。为了避免人们放纵欲望而导致群体失序，需要设置礼义、法度，对人性进行规范和约束，对社会进行治理。礼的核心作用就是"度量分界"，即制定各个阶层的欲望目标的上下界限，使人的行为在适宜的程度上展开。荀子论礼，着眼于人类物质欲求的"度量分界"，这已经含有法权思想的因素。因此，在荀子那里，礼和法非常接近。在社会秩序的实际运作中，礼的实施不免带有一定的强制性，由此，礼转为法。

9. "隆礼""重法"

荀子常常礼、法并称。他说："上莫不致爱其下，而制之以礼。上之于下，如保赤子，政令制度，所以接下之人百姓，有不理者如豪（毫）末，则虽孤独鳏寡必不加焉。故下之亲上，欢如父母，可杀而不可使不顺。君臣上下，贵贱长幼，至于庶人，莫不以是为隆正。然后皆内自省，以谨于分。是百王之所同也，而礼法之枢要也。"（《荀子·王霸》）意思是：君主都爱护百姓，所以用礼法来管理他们。君主对待百姓如同养育婴儿，用来管理百姓的政令制度，即使对孤独鳏寡者，也不能有丝毫不合理之处。所以百姓亲近君主就如同亲近父母，他们宁可被杀，也不会不服从君主。人们都把这个原则作为最高准则，并能不断反省，谨慎行事。这是历代君主共同的做法，也是礼法的关键所在。

荀子接着说："农分田而耕，贾分货而贩，百工分事而劝，士大夫分职而听，建国诸侯之君分土而守，三公总方而议，则天子共己而已矣。出若入若，天下莫不平均，莫不治辨。是百王之所同，而礼法之大分也。"意思是：农民耕种自己的田地，商人贩卖自己的货物，工匠勤恳地工作，士大夫尽职地处理政事，诸侯管理自己的国家，三公总管全国事务，而天子只需拱手端坐即可。对内如此，对外也是如此，那么天下万物就没有不均等的，也没有治理不好的，这是历代君主共同的做法，也是礼法的最大职分。

《荀子·王霸》这两段话中，"礼法之枢要""礼法之大分"都是礼、法并称。在此，他指出了礼和法的共同点——它们有相同的主旨和原则（"枢要"），那就是规定社会的等级秩序。从这个前提出发，把老百姓按职业分类，这是礼和法最大的职分（"大分"）。在荀子那里，礼和法的区别大致是：礼是文化道德方面的上层建筑，法是政治方面的上层建筑。在同一经济基础上，礼和法是相互补充、相互为用的。他还认为，礼是法的前提和基础。他说："礼者，法之大分，类之纲纪也。"（《荀子·劝学》）意思是，礼是法的前提，是各种条例的总纲。因为法的制定不仅是利益分配问题，而且是一个道义问题。所以，立法要以礼为指导原则，法要制定在礼义的基础之上。

荀子论证了礼和法的关系，并提出"隆礼尊贤而王，重法爱民而霸"（《荀子·强国》）的政治主张。他认为，如果只讲法治而不讲礼治，百姓会因为畏惧刑罚而安顺，但一有机会仍然会作乱。他把法治称为"暴察之威"，把礼治称为"道德之威"（《荀子·强国》）。法治发展到最好也不过是"霸政"，而成不了"王政"。王政是纯粹美好的理想政治境界，霸政则驳杂而逊色得多。如果以礼义为本，法治就能更好地发挥作用："故礼及身而行修，义及国而政明，能以礼挟（浃）而贵名白，天下愿，令行禁止，王者之事毕矣。"（《荀子·致士》）意思是，君主在社会生活中贯彻礼制，人的美德就能形成；在制度上贯彻道义，统治就能清明；把礼制贯彻到所有方面的，高贵的名声就会彰显，天下人就会服从，于是能令行禁止，王政也就实现了。总体来说，荀子在政治方面是主张礼法兼施、王霸统一的。

四 董仲舒

1. 董仲舒其人

董仲舒（前179—前104），广川（治今河北景县西南）人，西汉时期思想家、教育家、今文经学大师。他一生历经了惠帝、文帝、景帝、武帝四朝，那正是西汉王朝逐渐强大至极盛的时期。

董仲舒的一生，可以说是潜心于学的一生。他在青年时代便已博览群书，除了专攻《公羊春秋》和阴阳五行学说外，对《易》《诗》《书》也有深入的研究。董仲舒刻苦读书的精神一直保持到晚年。据说他的住所周围有一个菜园，因为一心扑在学术研究上，他竟三年没有看过这个菜园一眼。"目不窥园"后来就成了形容人专心致志、埋头苦读的成语。正是因为夙夜不懈地勤学苦读，董仲舒才成为通五经、能持论、善属文的一代鸿儒。

在修学著书的同时，董仲舒以极大的热情投身于培养后学的事业。讲学时，他在课堂上挂一幅帷幔，他在里面讲，学生在外面听。由于学生太多，他常让自己的得意门生吕步舒等人代他授业。这样，很多弟子连他的面都没见过。通过讲学，董仲舒为汉朝培养了一大批人才。他的声望也越来越高，在汉景帝时被任命为博士，讲授儒家经典。

建元元年（前140年），汉武帝让各地推荐贤良方正之士，董仲舒被推举参加策问。汉武帝连续进行了三次策问，董仲

董仲舒像

舒在对策中阐述了"天人感应"学说，论证了神权与君权的关系，提出了"大一统"思想和"罢黜百家，独尊儒术"的建议。三个对策的基本内容是阐述天人关系问题，所以又被称为"天人三策"。他的思想正契合汉武帝的心意，因而被汉武帝采纳。

董仲舒先是被派到江都易王刘非那里当相国。刘非是汉武帝的哥哥，好勇斗狠，骄横异常。对于这样一个人，如果辅佐方法不当，很可能招致杀身之祸。但由于董仲舒声望很高，刘非对他非常尊重。董仲舒从礼义的角度对刘非进行了一系列规劝，并暗示刘非不要觊觎政权。后来刘非上书汉武帝，表示愿意带兵出击匈奴。汉武帝不悦，没有答应。董仲舒受到此事牵连，被贬为中大夫。

建元六年（前135年），辽东高庙和长陵高园便殿发生了火灾。董仲舒认为这是上天对统治者示警，于是起草了一份奏章，想要示意皇帝整顿政治。还没等上奏，主父偃前来拜访，看到了这篇奏稿，就将其偷走上奏汉武帝。汉武帝召集了一些人来讨论，董仲舒的学生吕步舒不知道这是老师的奏稿，"以为大愚"。董仲舒被定为死罪。但最终汉武帝还是赦免了他，并恢复了他的中大夫之职，不久又恢复了他的江都相之职。董仲舒从此不敢再说灾异之事。

元朔五年（前124年），公孙弘推荐董仲舒做胶西王刘端的相国。刘端也是汉武帝的哥哥，他比刘非更蛮横、凶残，过去有好几位辅佐他的官员都被杀掉了。董仲舒是知名的大儒，所以刘端对他还比较尊重。然而董仲舒一直提心吊胆，唯恐时间久了会遭遇不测，四年后以年老有病为由，辞职回家。

董仲舒辞官回家后，既没有置办家产，也没有游山玩水，而是埋头于著书立说中。朝廷有大事时，常派人去向他请教，董仲舒往往按照《春秋》大义，提出自己的见解。董仲舒虽然在家养老，但仍十分关心朝政大事，甚至在临终之前，还写奏章给汉武帝，坚决反对盐铁官营的政策。

太初元年（前104年），董仲舒于家中病逝，葬于长安西郊。有一次汉武帝经过他的墓地，为了表彰他对汉王朝的贡献，特下马致意。由此，董仲舒的墓地又名"下马陵"。

《史记·十二诸侯年表》中说董仲舒"推《春秋》之义，颇著焉"，但没有指明他有哪些著作。《汉书·董仲舒传》说他的著作有一百二十三篇，另外还有讲《春秋》的文章数十篇。现在流传下来的董仲舒的著作只有《对策》三篇（见《汉书·董仲舒传》，又称《天人三策》）和《春秋繁露》八十二篇。

2.《春秋繁露》《天人三策》

据《汉书·董仲舒传》记载，董仲舒议论《春秋》之事，作《闻举》《玉杯》《蕃露》《清明》等数十篇。就是说，在《汉书》的记载中，《蕃露》只是董仲舒讲《春秋》诸篇中的一篇。"蕃"与"繁"古字相通。贾公彦在《周礼义疏》中说："前汉董仲舒作《春秋繁露》。繁，多；露，润。为《春秋》作义，润益处多。"他认为《春秋繁露》是对《春秋》大义的引申和发挥。

《西京杂记》说董仲舒梦见蛟龙入怀而著《春秋繁露》，《春秋繁露》之名始见于此。关于《春秋繁露》的正式著录，到了隋唐时期才有。现存《春秋繁露》最早的版本，是南宋嘉定四年（1211年）江右计台刻本。《春秋繁露》的传世各本，均明显经过后人改动，不是董仲舒著作的原貌，但大体上仍然可以反映董仲舒的思想与学术。

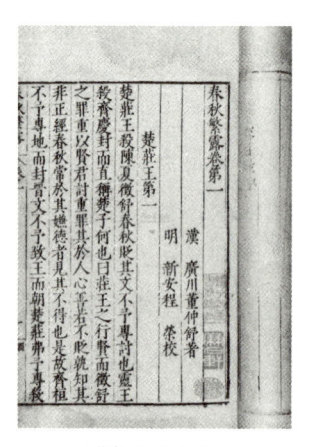

《春秋繁露》

《春秋繁露》的注本很多，最详尽的是清代苏舆的《春秋繁露义证》，凌曙的《春秋繁露注》则较为通行。

汉武帝即位之初，下诏推举"贤良方正直言极谏之士"，向他们咨询根本的治国之道。《天人三策》就是汉武帝与董仲舒关于治国根本方略的三次问对的记录，全文被班固收录于《汉书·董仲舒传》中。

《天人三策》的内容可以概括为以下几个方面：首先，董仲舒在对策中提出了

"天人感应"论。他认为自然灾害与统治者的错误有因果关系,还认为人是按照天的模式复制的,因而也具有天的意志和道德。其次,他提出了"道之大原出于天,天不变,道亦不变"的观点,认为社会政治制度的最高原则是由天来决定的,而天是不变的,所以按照天的原则建立起来的社会政治之道也是不变的。再次,他提出了"圣人法天而立道"的主张,并提出了一系列具体的政策上的建议,如建议汉武帝改制、重视礼乐教化等。最后,他指出统一思想的必要性,具体建议为"罢黜百家,独尊儒术"。

《天人三策》把握了当时社会政治发展的现实,洞察到当时思想发展的大势,为汉代大一统局面的形成提供了理论依据。同时,它对儒学思想在汉代的发展起到了关键作用,并对此后中国思想文化的发展产生了深刻影响。

3. "大一统"的政治主张

董仲舒作为公羊学大师,其社会理想是通过阐述《春秋》大义而得出的。"大一统"就是他所阐述的《春秋》的一个根本含义。他认为《春秋》特别重视"一统"("大一统"的"大"即"重视"之意)。他的社会理想就是王者一统天下,建立一个统一的和谐安定的社会。

"大一统"的主张,是董仲舒为了适应当时已经形成的君主专制统治而提出的。他在《天人三策》中说:"《春秋》大一统者,天地之常经,古今之通谊也。今师异道,人异论,百家殊方,指意不同,是以上亡以持一统;法制数变,下不知所守。臣愚以为诸不在六艺之科、孔子之术者,皆绝其道,勿使并进。邪辟之说灭息,然后统纪可一而法度可明,民知所从矣。"意思是说:《春秋》的"大一统"思想,是天地间永恒的原则,是古今共通的道理。现在,各派老师讲的道理不同,人们的意见不一致,诸子百家的方法各异,其意旨也大相径庭。这样,统治者不能持守统一的标准,法制也经常改变,民众不知所从。我主张,凡是不属于六艺科目和孔子思想的一些说法,一律加以禁绝。如果邪辟的学说消失了,思想标准就可以统一,法律制度就可以彰明，人们也就知道自己应该遵从什么了。

"大一统"的内容包括政治一统和思想一统两个方面。政治一统，是指建立和巩固封建专制统治。为此，就要"尊君"，即树立君主的权威。他说："唯天子受命于天，天下受命于天子。""天"是至高无上的，君主受命于"天"，所以君主的意志是必须遵从的。思想一统，则是要把人们的思想统一于儒家思想中，构建以儒家思想为核心的国家意识形态。为此，他提出了"罢黜百家，独尊儒术"的主张，即把儒家思想作为统治者的指导思想，把其他各种思想都定为非法思想加以禁止。

"大一统"理论符合封建帝国建立和巩固统治的客观要求。它不但为汉王朝加强皇权和中央集权提供了理论依据，而且使我们的国家两千多年来始终能维持一统的局面。尽管"大一统"思想有其时代和阶级局限性，但它对国家统一、民族发展所产生的积极作用是不可估量的。

4. 天人感应

董仲舒把封建统治说成是天意的体现，他说："天以天下予尧舜，尧舜受命于天而王天下。"（《春秋繁露·尧舜不擅移汤武不专杀》）这是说，尧舜是受命于天而统治天下的，即君权神授。这就给封建专制统治提供了理论根据。

"天"在这里是宇宙间至高无上的主宰。在董仲舒看来，阴阳五行和季节变化，都是天的意志的体现。他说："天数右阳而不右阴。"（《春秋繁露·阳尊阴卑》）这是说天把阳看作主要方面，把阴看作次要方面，阳尊阴卑。由阴阳而产生的季节变化，董仲舒将之说成是天的喜怒哀乐的表现，春、秋、夏、冬分别是天的喜气、怒气、乐气、哀气的表现。关于五行，董仲舒认为上天安排了木、火、土、金、水这样一个次序，人类按照这种次序规定了人伦，所以他说："五行者，乃孝子忠臣之行也。"（《春秋繁露·五行之义》）

天既然是有意志的最高主宰，那么，天和人有怎样的关系呢？董仲舒提出了"人副天数"的观点。他认为，人的出现是天作用的结果。人的形体和性情都是按照天的形体和性情来构造的，所以人是天的"副本"。在形体方面：人的身体有骨三百六十六节，与一年之日数相副；内有五脏，与天的五行相副；外有四肢，与一年的四季相副。在情感意志方面，人的道德情感来自天的四季之气：人得春气而博爱容众，得夏气而盛养乐生，得秋气而立严成功，得冬气而哀死悲痛。天与人有相通的生理和情感，所以天和人是合一的，可以通过感应互相沟通。

"天人感应"主要表现在社会治乱与天道运行之间的关系上。董仲舒以自然灾异与政治人事相联系，认为治世与乱世有不同的征兆："帝王之将兴也，其美祥亦先见；其将亡也，妖孽亦先见。"(《春秋繁露·同类相动》)董仲舒提醒统治者，在权力之上还有天鉴："天人相与之际，甚可畏也。国家将有失道之败，而天乃先出灾害以谴告之；不知自省，又出怪异以警惧之；尚不知变，而伤败乃至。"(《汉书·董仲舒传》)统治者如果有违天意，天会以灾异加以警告；如果仍不自省，将会导致严重的后果。在统治者之上加上一个全能的"天"，是对统治者权力的限制。

5. "三统"历史循环论

关于历史的变化，董仲舒提出"三统"（"三正"）说。"三统"为黑统、白统和赤统。他认为，一年中有三个月可以作为岁首，也就是正月——子月（现在的农历十一月）、丑月（现在的农历十二月）、寅月（现在的农历正月）。每个朝代建立时，都要重新规定以这三个月中的哪个月为正月，这叫"改正朔"。子月尚赤，一个朝代若以子月为正月，这个朝代就以赤色为上色。这叫"易服色"。这样一系列规定，叫作"正赤统"。丑月尚白，一个朝代若以丑月为正月，这个朝代就以白色为上色。这样一系列规定，叫作"正白统"。寅月尚黑，一个朝代若以寅月为正月，这个朝代就以黑色为上色。这样一系列规定，叫作"正黑统"。这就是所谓"三统"（"三正"）。就实际的历史来说，夏朝以寅月为正月，以黑色为上色，所以夏朝为黑统；商朝以丑月为正月，以白色为上色，所以商朝为白统；周朝以子月为正月，以赤色为上色，所以周朝为赤统。

董仲舒认为，历史的变化，就是"三统"的循环。具体来说，王朝的改变，就是黑、白、赤"三统"的循环往复。每一统有一套礼乐制度，一个新王建立一个新朝代，应当按照当时的新统"改制"，包括迁国都、改国号、改纪元、改服色等，也就是"改正朔，易服色"。"新王必改制"是为了表明新王建立新的朝代是承受天命。夏、商、周三代完成了历史循环的一个周期，汉代继周而起，所以应是黑统，应以寅月为正月。

对于怎么改制，董仲舒说："今所谓新王必改制者，非改其道，非变其理。……若夫大纲、人伦、道理、政治、教化、习俗、文义，尽如故，亦何改哉？故王者有改制之名，无易道之实。"（《春秋繁露·楚庄王》）他认为，虽然朝代更替了，但统治之"道"是不变的，即治理社会的基本原则不会改变。一个新朝要改变的是一些形式上的东西，而大纲、人伦等都从属于生产关系，如果生产关系没有改变，那么大纲、人伦也不能改变。所以他说："道之大原出于天，天不变，道亦不变。"（《汉书·董仲舒传》）

董仲舒把王者受命于天的观点，纳入他的天人感应理论中，为新王建立新朝的合法性提供了依据。"三统"说也提示君主，一个朝代不能无限期统治下去，新朝代的创立者另外承受天命，这也是对绝对君权的限制。

6. "性三品"说

董仲舒把人性区分为上、中、下三等，即"圣人之性""中民之性"和"斗筲之性"。"圣人之性"是天生的善性，是一般人先天不可能、后天不可及的；"斗筲之性"的人是无善质的，生来就恶，教化无用，只能用刑罚来处置；"中民之性"是大多数人的性，有善质而未能善，必须通过王者的教化才能成善。他还说："圣人之性不可以名性，斗筲之性又不可以名性，名性者，中民之性。"（《春秋繁露·实性》）就是说，圣人之性天生的善、斗筲之性天生的恶都是不可改变的，因此也可以不叫作"性"。只有中民之性可以经过教化而成为善，因此可以叫作"性"。

董仲舒强调要对一般民众施行教化。他说："禾虽出米而禾未可谓米也，性虽出善而性未可谓善也。"（《春秋繁露·实性》）就像禾能出米但并不是米，一般人的性虽含有善的素质，但并不是善。所以"卵待覆而成雏，茧待缫而为丝，性待教而为善"（《春秋繁露·深察名号》），就像卵需要孵化才能成为雏鸟，茧需要缫制才能成为蚕丝，一般人必须经过教育才能达到善的境界。那么，由谁来承担教育的责任呢？他说："王承天意，以成民之性为任者也。"（《春秋繁露·深察名号》）在他看来，百姓都是昏昏沉沉、冥顽不灵的，必须经过统治者的教化才能觉醒。圣王的任务，就是奉天命教化百姓，使得百姓成为善良的人。

7. 三纲五常

董仲舒根据儒家的伦理思想，提出了"三纲五常"说。儒家认为，社会中人与人之间的主要关系有五种，即君臣、父子、夫妇、兄弟、朋友，这叫作"五伦"。董仲舒特别提出了"五伦"中君臣、父子、夫妇这三种基本关系的处理原则——"王道之三纲"，即"君为臣纲""父为子纲""夫为妻纲"。他说："阴者，阳之合；妻者，夫之合；子者，父之合；臣者，君之合。物莫无合，而合各有阴阳。……君臣、父子、夫妇之义，皆取诸阴阳之道。君为阳，臣为阴；父为阳，子为阴；夫为阳，妻为阴。……此见天之亲阳而疏阴，任德而不任刑也。是故仁义制度之数，尽取之天。……王道之三纲，可求于天。"（《春秋繁露·基义》）董仲舒认为天地间的事物都是互相匹配的：阴阳相配，君臣相配，父子相配，夫妻相配。既然事物都相互匹配，那么每对匹配关系中就有阴阳之分。人间君臣、父子、夫妇的道理，都取自阴阳之道：君为阳，臣为阴；父为阳，子为阴；夫为阳，妻为阴。上天亲近阳而疏远阴,因此"三纲"的主从关系是绝对不可改变的。这样就将君臣、父子、夫妇之间的双向性伦理义务说成了单向性伦理义务,伦理关系双方的权利也是不对等的,臣奉君命、子奉父命、妻奉夫命被认为是天经地义的。董仲舒还认为,人间的制度取自天,因而王道的"三纲"是效法上天的,这样就用"天意"解释了社会伦理道德,从而论证了"三纲"的合理性和永恒性。"三纲"从此成了封建社会的政治和道德原则。

董仲舒在提出王道"三纲"的同时,又提出了调节这些关系所应遵循的规范——"五常"。他将儒家宣扬的"仁、义、礼、智、信"五种道德合为"五常",说:"夫仁、谊(义)、礼、知(智)、信五常之道,王者所当修饬也。五者修饬,故受天之祐,而享鬼神之灵,德施于方外,延及群生也。"(《汉书·董仲舒传》)董仲舒将"五常"作为处理各种关系所应遵守的规范,认为王者按照"五常"行事就会受到上天的佑护。"五常"对君权有一定的约束作用。虽然君为臣纲,但君主发号施令,要受到"五常"的约束,否则,其统治的合法性会受到怀疑和削弱。就积极方面而言,"五常"思想在历史上的确有效地防止了皇权专制主义的无限扩张。

五 韩愈、李翱

1. 韩愈其人

韩愈（768—824），字退之，河阳（今河南孟州）人。他的先世曾居住在河北昌黎，所以他自称"昌黎韩愈"，世称"韩昌黎"。韩愈三岁就成了孤儿，由长兄韩会与嫂嫂郑氏抚养。韩会官至起居舍人，善写文章。韩愈十三岁时，韩会去世，他随寡嫂北归河阳，时逢中原战乱，于是避乱宣城。社会的动荡、家庭的变故，使他从小过着困顿流离的生活。而孤苦的身世，又促使他从小便刻苦学习，无须别人嘉许勉励。韩愈七岁开始随兄读书，十三岁便已能文。后来他跟从独孤及、梁肃游学，逐渐确立了研习古文、潜心古道、读书经世的人生方向。

韩愈十九岁至长安考进士，三次落第，第四次参加考试才登进士第。他又先后三次参加吏部的博学宏词科考试，但都没考中。贞元十二年（796年），韩愈被宣武节度使董晋任命为观察推官。在任观察推官的三年中，韩愈还指导李翱、张籍等青年学文并宣传散文革新的主张。贞元十五年（799年），韩愈应徐泗濠节度使张建封之聘，出任节度推官。贞元十八年（802年），韩愈到京师担任四门博士，后又晋升为监察御史。当时关中发生了严重的旱灾，导致大面积饥荒，韩愈上《御史台上论天旱人饥状》，请求对灾区缓

韩愈像

征租税，结果得罪了幸臣，被贬为连州阳山令。

韩愈任阳山令期间，参加山民的生产活动，实行德礼文治，受到当地人的爱戴。这时有大批青年学子投入他门下，韩愈与之吟诗论道，诗文著作颇丰。他还于此时写了《原道》等文章，这些文章成为唐宋时期新儒学的先声。

元和十二年（817年），朝廷以裴度为帅、李愬为将，征讨淮西吴元济叛军，韩愈任行军司马，参赞戎机。韩愈建议裴度趁着蔡州空虚，以三千兵力抄小道进入蔡州，生擒吴元济。裴度还未来得及行动，李愬已从唐州提兵雪夜入蔡州擒得吴元济，与韩愈不谋而合。淮西平定后，韩愈因功升任刑部侍郎。

元和十四年（819年），唐宪宗派使者去凤翔迎佛骨，长安一时间掀起信佛狂潮。韩愈对此极其厌恶，为了维护儒家思想的正统地位，他不顾个人安危，毅然上《论佛骨表》，严辞谏阻宪宗奉迎佛骨，要求将佛骨烧毁。唐宪宗非常生气，要用极刑处死他，幸得裴度、崔群等人极力劝谏，唐宪宗才从轻发落，将他贬为潮州刺史。在去往贬所的途中，韩愈写下"欲为圣明除弊事，肯将衰朽惜残年"（《左迁至蓝关示侄孙湘》）的诗句，表达了他忠心进谏、一心为国的情怀。

韩愈到潮州后，作《潮州刺史谢上表》，表达自己的恋阙之情。唐宪宗看后有重新起用之意，便对大臣说："昨日收到韩愈的上表，想起他谏迎佛骨之事。我知道这是出于忠心，但他身为人臣说话太轻率了。"宠臣皇甫镈憎恨韩愈为人心直口快，怕他重被起用，便抢先回答说："韩愈终究太狂放粗疏，暂且可考虑调到别郡。"适逢大赦，唐宪宗便任命韩愈为袁州刺史。

元和十五年（820年），唐穆宗即位，诏韩愈为国子监祭酒。长庆元年（821年），转任兵部侍郎。这时，镇州王廷凑叛乱，朝廷命韩愈为宣慰使前往镇州。百官都为他的安全担忧，唐穆宗则命韩愈到边境后先观察形势变化，不要急于入境。韩愈不顾个人安危，毅然直入镇州。王廷凑设甲士严阵以待，韩愈毫无惧色，严辞挫败叛军凶焰，不费一兵一卒，平息镇州之乱。唐穆宗大喜，任命韩愈为吏部侍郎。长庆三年（823年），授京兆尹兼御史大夫，后复任吏部侍郎。长庆四年（824年），韩愈卒于长安，终年五十六岁。

韩愈在政治、哲学、文学等方面都有建树。苏轼评价他"文起八代之衰，而道济天下之溺；忠犯人主之怒，而勇夺三军之帅"（《潮州韩文公庙碑》），从文、道、忠、勇四方面高度赞扬了韩愈的为人和一生的功业。总的来说，韩愈的主要贡献还是在思想文化方面。他倡导的古文运动，是一场与当时政治改革相呼应的思想文化运动，这场运动以改革文体、复兴儒学相表里，着意改变道丧文弊的社会风气，以挽救分裂动乱的政治局面。

韩愈遗著诗文由门人李汉编为《昌黎先生集》四十卷，又有《论语注》十卷、《顺宗实录》五卷。其《原道》《原性》《原人》《原鬼》《与孟尚书书》和《论佛骨表》等篇，较集中地反映了他的哲学思想。

2. 排斥佛、老

韩愈是古文运动的领袖。古文运动在本质上包含"文"和"道"两方面："文"的方面，是用三代、两汉的"古文"取代魏晋以来的骈文；"道"的方面，是用传统的儒家思想取代当时流行的佛教和道教思想，从而恢复儒家思想的统治地位。

佛教自传入中国后，历经魏晋南北朝数百年的发展，到了文化政策宽松的唐朝，终于开花结果。佛教对唐朝的政治、经济和文化都产生了巨大影响。当时帝王、大臣焚香礼佛，弃儒家思想于不顾，甚至在唐宪宗时期，全国上下都为迎接佛骨舍利而疯狂。道教对唐代社会也有很大的影响。唐皇室以老子为祖先，所以道教自初唐就取得了一定地位，到了唐玄宗时达到极盛。唐代许多帝王迷信道教长生术，对政治造成了一定危害。佛、道二教兴盛，使儒家的主体地位受到威胁。面对这样的现实，韩愈提出了排抑佛、老，复兴儒学的主张。

韩愈自认为是孟子的继承人，要像孟子排斥杨、墨那样，坚决地排斥佛、老。他在《原道》中指出，佛、老两家"必弃而君臣，去而父子，禁而相生养之道，以求其所谓清净寂灭者"，信奉佛、老，会让人们抛弃君臣、父子等伦理，抛弃本有的生活原则，去追求道教所说的"清净"、佛教所说的"寂灭"。这实际上是要消灭人本性中的东西，导致"子焉而不父其父，臣焉而不君其君，民焉而不事其事"（《原道》）的不良后果。和尚、道士也是人子，可是他们不以其父为父；他们也是人臣，可是不以其君为君；他们也都是民众，可是不干民众所应该干的事。这就把野蛮人的道理凌驾于先王的道理之上，把民众降低为野蛮人了。

另外，他认为佛、老盛行，会造成白食者众多的后果：古代的百姓只有士、农、工、商四类，今天又有了和尚、道士两类。大量人口不从事生产，会加重劳动者的负担，影响社会安定；寺院经济发达，也势必造成王朝财政的危机。

3. 恢复"道统"

韩愈认为佛、老与儒学对立，对社会造成了极大危害。为了与佛教的"祖统"相对抗，他提出"道统"来进行儒家理论体系的建设，以期恢复儒家的正统地位。

韩愈在《原道》中指出："吾所谓道也，非向所谓老与佛之道也。尧以是传之舜，舜以是传之禹，禹以是传之汤，汤以是传之文、武、周公，文、武、周公传之孔子，孔子传之孟轲。轲之死，不得其传焉。"他认为，儒家之道在历史上有一个传授系统，即"道统"，也就是先王之学。这个系统从尧开始，经过舜、禹、汤、周文王、周武王、周公、孔子，传到孟子，但是孟子以后"道统"就断了，其结果是佛、老思想盛行。韩愈认为，他的使命就是排斥佛、老，恢复"道统"，使儒家思想恢复正统地位。

"圣人立教"是韩愈建立其"道统"说的一个理论基础。他认为，"圣人"或"先王"是儒家之道的体现者，他们处于"道统"的源头，是人类文明的创造者。他说："古之时，人之害多矣。有圣人者立，然后教之以相生养之道。为之君，为之师，驱其虫蛇禽兽而处之中土。寒，然后为之衣；饥，然后为之食；木处而颠、土处而病也，然后为之宫室。为之工以赡其器用，为之贾以通其有无，为之医药以济其夭死，为之葬埋祭祀以长其恩爱，为之礼以次其先后，为之乐以宣其壹郁，为之政以率其怠倦，为之刑以锄其强梗。"（《原道》）古时人类面临着很多灾害，是圣人教给人们相生相养的生活法则。他们作为君和师，教人们做衣服、种庄稼、建造房屋、制作器物、经营商业、制造医药。圣人还为人们建立了文明制度：他们制定祭祀的制度，以增进人与人之间的仁爱；制定礼节，以区别尊卑秩序；制作音乐，以宣泄人们心中的郁闷；制定政令，以督促那些怠惰懒散的人；制定刑罚，以铲除那些强暴之徒。总之，人们的生产生活技能、国家的政令法规、社会的道德礼仪，都是由圣人制作和传授的。圣人创造了人类的文明，正是因为有了圣人，人类才不至于毁灭。

韩愈的"圣人立教"说，论述了先王之教对人类文明所起的作用，从而也论证了儒家之道是封建社会唯一合法的思想。

4. "道"的内涵

在《原道》中，韩愈提出了理想的社会秩序的蓝图："其文，《诗》《书》《易》《春秋》；其法，礼、乐、刑、政；其民，士、农、工、贾；其位，君臣、父子、师友、宾主、昆弟、夫妇……其为道易明，而其为教易行也。是故以之为己，则顺而祥；以之为人，则爱而公；以之为心，则和而平；以之为天下国家，无所处而不当。"先王（圣人）治理下的理想社会是这样的：运用《诗》《书》等儒家经典进行教化，政治上奉行儒家的有关礼、乐、刑、政方面的主张，百姓分别从事士、农、工、商等行业，人们按照君臣、父子、师友、宾主、兄弟、夫妇等等级名分各守其位、各尽其职。这样的治理原则简单明了、易于推行，所以用它来教育自己，就能和顺吉祥；用它来对待别人，就能博爱公正；用它来修养内心，就能平和宁静；用它来治理国家，就没有不适当的地方。

怎样实现和维护这种理想的社会秩序呢？韩愈认为，首要的是"治心"，即进行道德教化，而这种道德的最高准则是由"仁""义"来体现的。他说："博爱之谓仁；行而宜之之谓义；由是而之焉之谓道；足乎己，无待于外之谓德。"（《原道》）博爱就是"仁"，行为合宜就是"义"，实现仁义的途径是"道"，内心具备仁义的本性是"德"。

韩愈进而认为，不能离开"仁义"来谈"道德"。因为"仁与义为定名，道与德为虚位"（《原道》），就是说，仁与义有确定的内容，道和德则没有确定的内容。各个学派可以对道德有不同的解释，但如果抛开仁义谈道德，就成了邪说。他认为，佛、老就是抛开仁义谈道德，因而把"清净""寂灭"当成道德的内容，结果走上了不要国家、毁灭伦理纲常的道路。

韩愈在此讲了仁义和道德的关系。他认为虽然道德包含各种内容，但最高的道德内容是仁义，它是儒家道德的内核，也是整个古代中国社会的最高道德准则，它不容置疑、天经地义。对道德的理解，由于佛、老的干扰，人们已生出迷惑，所以要澄清"道"的内涵，恢复被佛、老破坏了的"道"的传统——"道统"。

总而言之，韩愈认为，儒家之"道"的核心内涵就是仁义，仁义是儒家与佛、老两家的根本区别所在，而推行仁义之道、教化万民的就是"先王"或"圣人"。

5. "性三品"说

韩愈认为，"道"是由仁义体现的，而仁义涉及人的品性。于是他在《原性》一文中论述了人性问题，提出了"性三品"说。

韩愈把"性"（人性）分为上、中、下三个等级。他说："上焉者，善焉而已矣；中焉者，可导而上下也；下焉者，恶焉而已矣。其所以为性者五：曰仁、曰礼、曰信、曰义、曰智。上焉者之于五也，主于一而行于四；中焉者之于五也，一不少有焉，则少反焉，其于四也混；下焉者之于五也，反于一而悖于四。"上品的人性是善的，生来就具备仁、义、礼、智、信五种道德。它上主于仁德而下行于义、礼、智、信四德。中品的人性有善也有恶，虽然含有仁德，但会有违背仁德之时，其他四德也混杂不纯。下品的人性是恶的，五种道德都不具备。

韩愈认为，人除了有性，还有情。情有喜、怒、哀、惧、爱、恶、欲七种。性是天生的，情是后起的，即"性也者，与生俱生也；情也者，接于物而生也"（《原性》）。他以"情三品"说来配合"性三品"说，认为情也有上、中、下三个品级，基本对应性的上、中、下三个品级。上品的人，"七情"的发作都合乎中道；中品的人，"七情"的发作有的过多，有的过少；下品的人，"七情"的发作或者都过多，或者都过少。就是说，每一品的情和性是互相配合的。上品的人，既具备五种道德，七种情感也都合乎中道，这种人就是圣人；下品的人，既不具备五种道德，七种情感也都不合乎中道。

韩愈认为，在三品当中，"上之性，就学而易明；下之性，畏威而寡罪。是故上者可教，而下者可制也。其品则孔子谓不移也"（《原性》）。就是说，上品和下品的人性都不能改变。所以他说，上品人的本性是善的，通过学习可以发扬光大；下品人的本性是恶的，教化对他们不起作用，只能用刑罚来处置他们。

韩愈的"性三品"说，借鉴了孟子的"仁义礼智根于心"以及董仲舒的"性三品"说，客观上给封建等级制度提供了依据。

6. 李翱与"复性"说

李翱（772—836），字习之，陇西成纪（今甘肃静宁）人，唐德宗贞元年间进士，历任国子博士、史馆修撰、户部侍郎、山南东道节度使等职。李翱勤研儒学，又跟从韩愈学习古文，是古文运动和儒学复兴的中坚人物。他像韩愈一样激烈抨击佛教，但对佛教的思想及方法又有所吸取。他将佛教的心性思想融于儒学的人性论，提出了对后世影响极大的"复性"说。李翱的著作有《李文公集》十八卷，与韩愈合著《论语笔解》二卷。《复性书》上、中、下三篇代表了他的哲学思想。

李翱对儒学复兴所做的贡献,主要在于他建立了儒家的心性理论。他补充和发展了韩愈提出的"道统"说,认为在孔子那里就有关于"性命"的认识。这个认识在孔子的孙子子思那里得到发挥,子思作《中庸》,将其传给孟子。孟子死后,《中庸》所讲的"性命之源"就没有传人了。李翱认为自己的使命就是接续孟子,来传承儒家"性命"之学。他根据《中庸》的理论,又吸收佛教的某些心性思想,提出了"复性"说。

李翱说"圣人者,人之先觉者也"(《复性书》上),认为儒家崇拜的圣人,是人类的"先觉者",具有最高的精神境界。圣人不仅具备仁义道德,而且参与天地的造化,能同天地一样化育万物。所以说,圣人是无所不知、无所不能的。那么,圣人是怎样修养成的呢?对此,李翱提出了"性善情恶"的性情说。他接受韩愈的说法,认为人有性和情两个方面。不同的是,韩愈讲"性三品",他则讲人性本善;韩愈没有以情为恶,他则认为"性无不善""情本邪也,妄也"(《复性书》中),即认为性是善的,情是恶的。

李翱认为,人之性是天授的,平常人的性和圣人的性是一样的,而且都是善的,即"百姓之性与圣人之性弗差也"(《复性书》上)。他说:"性者,天之命也,圣人得之而不惑者也。情者,性之动也,百姓溺之而不能知其本者也。"(《复性书》上)这是说,人之性是上天授予的,人之情则是由性派生的。圣人之所以成为圣人,是因为其性不受情的侵染;平常人之所以不能成为圣人,是因为其性受了情的侵染,为情所蔽。这也就是他所说的"人之所以为圣人者,性也;人之所以惑其性者,情也。喜、怒、哀、惧、爱、恶、欲,七者皆情之所为也,情既昏,性斯匿矣,非性之过也。七者循环而交来,故性不能充也"(《复性书》上)。七情循环往复,对人交相攻击,因而人性之善得不到充实。

李翱认为,平常人虽然"不觉",但其性和圣人没有差别,如果能去掉情之"惑",即消除情欲的蒙蔽,就可以恢复本性,这就是

"复性"。他说:"妄情灭息,本性清明,周流六虚,所以谓之能复其性也。"(《复性书》中)就是说,由于情欲败坏了人性,所以只有去情才能复性。他打比方说,性就像水和火,情就像泥沙和烟雾。平常人的性,好比掺杂着泥沙的水和散发着烟雾的火。水的本性是清的,有了泥沙就会浑浊;火的本性是明的,有了烟雾就会昏暗。但当泥沙沉淀后,水就会恢复清澈;烟雾散尽,火就会恢复明亮。这就是"复性"。

李翱受佛教的影响,把禁欲主义引入了儒家的人性论。韩愈认为"七情"合乎中道才是圣人,他则认为成为圣人的关键在于摆脱情欲的束缚;韩愈追求的是仁义本性,他则把清净本性看成是仁义的基础。

7. "不动心"的修养方法

怎样才能恢复善的本性?李翱提出了"不动心"的修养方法。"不动心"就是"圣人者寂然不动",即使"心"不受外物和情欲的诱惑,永远保持"清明"的状态。要做到这一点,需要两个步骤:

第一步,"弗虑弗思,情则不生。情既不生,乃为正思。正思者,无虑无思也"(《复性书》中)。要做到"心"什么都不想,使情不能生出,于是进入虚静的状态。然而这种"无虑无思"的"正思"依然是"思";"静"的状态也是相对于"动"而言的,还没有超出有动有静的层次。

第二步,"知本无有思,动静皆离"(《复性书》中)。连"没有"都不去想,连"虚静"的状态都不去追求,于是"动静皆离","心"进入一种绝对静止的境界——"寂然不动"。这种境界,就是《中庸》所说的"诚"或"至诚"的境界。在这种境界中,情欲不再发作,善的本性就恢复了。达到这种境界的人,就是圣人。

李翱还认为,处在这种境界的人,并不是不与外界接触,而是虽然有见闻,但不为见闻所动。这就是《大学》所说的"格物"和"致知"。他说:"物至之时,其心昭昭然,明辨焉而不应于物者，是致知也。"(《复性书》中）他认为，没有情欲，自然能明辨是非，虽与外物打交道，但不会受外物影响，这是最高的智慧。达到这种境界的人，不是没有喜怒哀乐的情感，而是无心于喜怒，喜时不觉得是喜，怒时不觉得是怒，虽有喜怒，但像没有一样。这就是《中庸》所说的"中和"的境界。达到了这种境界，就可以参与天地的造化，成为万物的主人。

李翱的心性理论，对后来的理学家产生了很大影响。这表现为：第一，其"性善情恶"的观点启迪了后来理学家对"天命之性"和"气质之性"的分野，也是理学家"天理""人欲"之辨的根源。第二，他提出的"弗虑弗思，情则不生"的修养方法，对北宋二程"主敬"的功夫论产生了一定影响。第三，李翱特别重视《礼记》中的《中庸》一篇，把《中庸》讲的"性命之学"看作孔孟思想的精髓，开启了宋儒重视《中庸》的风气。

综上所述，韩愈和李翱的理论为道学奠定了基础，他们提出了一个"道统"，作为道学的历史根据。他们以《礼记》中的《大学》《中庸》两篇作为道学的基本经典，后来这两篇从《礼记》中独立出来，与《论语》《孟子》合称"四书"，成为儒家的主要经典。到了南宋，道学的体系完全建立起来。

六 周敦颐

1. 周敦颐其人

周敦颐（1017—1073），字茂叔，世称濂溪先生，道州营道（今湖南道县）人，北宋思想家、理学的先驱人物，与邵雍、张载、程颢、程颐合称"北宋五子"。

周敦颐出身于书香门第，父亲周辅成是宋真宗大中祥符八年（1015年）进士，官为贺州桂岭县令。周敦颐五岁时，父亲去世。为了生计，母亲带他去投奔舅舅——龙图阁学士郑向。幼时的周敦颐聪明而仁孝，深得舅舅喜爱。

景祐三年（1036年），周敦颐因舅舅的恩荫，做了一个小官吏。庆历元年（1041年），周敦颐从吏部调任洪州分宁县主簿。当时，分宁县有个案件很久都没人能断清，他到任后很快就断清了，显示了杰出的断案才能，使得老吏大为惊叹。

庆历四年（1044年），周敦颐调任南安军司理参军。在南安时，有一个犯人法不当死，但转运使王逵想要从严处置，将其判为死刑。众人慑于王逵之威，没有反对，唯有周敦颐提出异议。他说，用杀人的手段来取媚于人，我绝不会做这样的官！王逵很快认识到自己处置不当，于是免了那个犯人的死刑。周敦颐也因依法办案、正直无私，名声越来越大。庆历六年（1046年），大理

周敦颐像

寺丞程珦（程颢、程颐的父亲）在南安见到了周敦颐。程珦见他气质不凡，通过交谈，更了解到他是一位造诣极高的学者，便与他结为朋友，并让自己的两个儿子拜他为师。

至和元年（1054年），周敦颐改任大理寺丞，知洪州南昌县。他到任时，人们兴奋地相互转告，说他就是当年在分宁一上任就能辨明疑案的周敦颐。

至和二年（1055年），周敦颐改任太子中舍，署佥书合州判官事。在合州四年，他辛勤忙碌于传道授业，颇得士人赞扬。这个时期他的哲学思想也已经成熟。

嘉祐六年（1061年），周敦颐迁国子博士，通判虔州。途经庐山时，他深深爱上了庐山山水。在虔州，他作了《爱莲说》一文，表达了自己对高洁人格的追求。其中"予独爱莲之出淤泥而不染，濯清涟而不妖"成为咏莲的千古名句。

治平元年（1064年），周敦颐移任永州通判。熙宁三年（1070年），周敦颐转虞部郎中，擢提点广南东路刑狱。当时虞部员外郎杜谘知端州。端州出产的端溪石是制作砚台上好的材料，杜谘垄断了采石业，禁止百姓开采，人称"杜万石"。周敦颐听说此事，十分气愤，遂请求朝廷下令，凡州官买砚不得超过两枚。此令一下，大快人心。次年，周敦颐移知南康军。

熙宁五年（1072年），周敦颐结束官宦生活，定居于庐山莲花峰下。他家附近有小溪流过，因为道州老家有条小溪叫作濂溪，所以他把庐山新家旁的这条小溪也叫作濂溪，并将自己的书堂命名为濂溪书堂。因此，后世称他为"濂溪先生"，称其学术思想为"濂学"。熙宁六年（1073年）六月，周敦颐病逝，终年五十七岁。

周敦颐一生在多地做过中等官吏，表现出不同凡响的政治才能。他虽然身在仕途，却雅好林泉，追求高洁的人格和高远的境界。他好学深思，从未停止过讲学和著述，是一位富于开创性的学者。他提出的"无极""太极""阴阳""五行""动静""主静""至诚"等概念，构成了理学体系的重要内容，后来理学家争论的许多问题，都可以在周敦颐的哲学思想中找到端倪。

2.《太极图说》《通书》

周敦颐的著作存世的仅有《太极图说》《通书》和少量的诗文，其哲学思想集中体现在《太极图说》和《通书》中。

《太极图说》是周敦颐为其《太极图》写的一篇说明，全文二百四十多字。他在《太极图说》中提出，太极是宇宙的本原，人和万物都是由阴阳二气和水、火、木、金、土五行相互作用构成的。五行统一于阴阳，阴阳统一于太极。文中突出人的价值和作用，认为"惟人也，得其秀而最灵"。在人群中，他又特别突出圣人的价值和作用，认为"圣人定之以中正仁义而主静，立人极焉"。该文阐述了周敦颐的宇宙生成论，并论及人与自然的关系、修养方法等问题，提出了一系列理学的重要范畴，在中国哲学史上有深远影响。

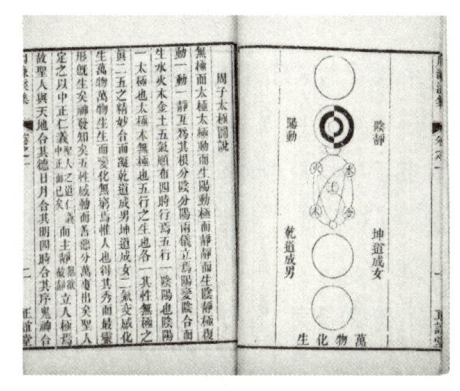

《太极图说》

《通书》两千八百多字，分为四十章。一般认为，《通书》与《太极图说》是一个相互关联的整体，周敦颐以这两部著作阐明了他的本体论、修养论以及政治思想，从而构成了较为完备的哲学构架。二者的不同之处在于，《太极图说》是通过宇宙论、本体论的探索来建构人的生存理论，《通书》则承续《太极图说》，详细地阐述了修养论。换言之，《太极图说》详于天而略于人，《通书》略于天而详于人。

周敦颐的哲学思想涉及范围相当广泛。对于所涉议题，他虽然只提出了辞约义丰的论点和论纲，并未从理论上加以具体的阐发，但他的哲学思想对于宋明理学的建立具有十分重要的意义。正因为如此，人们一般将他视为宋明理学的奠基者。

3."无极而太极"——论宇宙的生成

周敦颐以儒家学说为基础，融合道教和佛教的一些观念，提出了一个简明的关于宇宙生成的理论。

《太极图说》开头说："无极而太极。"在周敦颐看来，太极是宇宙万物的最根本的实体。无极就是无形、无限的意思。"无极而太极"的意思是，太极是无形的，它在时间上没有始终，在空间上也没有边际。

他紧接着说："太极动而生阳，动极而静，静而生阴。静极复动。一动一静，互为其根。分阴分阳，两仪立焉。阳变阴合，而生水火木金土。五气顺布，四时行焉。"这是说，太极动起来就生出了阳，动到极点就静下来，静下来就生出了阴，静到极点又会动起来。动静统一，互为条件，分化出阴阳二气。阴阳二气交互作用，就生出一些基本的质料——五行（水、火、木、金、土）。五行按顺序发生作用，就形成了春、夏、秋、冬四时，也就是说，时间的开展是以五行的循环运转作为基础的。总的来说，太极体现为动静综合体、阴阳综合体。这一综合体经过复杂的交合变化，产生了五行。由于五行的运转，时间也就展开了。

他接着说："五行一阴阳也，阴阳一太极也。太极本无极也。"这是说，五行就是阴阳的某种表现，阴阳就是太极的某种表现。太极从根本上讲是无形的。也就是说，太极是宇宙万物最根本的实体，也是最原始的统一体，它是无形的、无限的。太极生出阴阳二气，阴阳二气又生出五行，但是太极仍在五行和阴阳二气之中。从根本上说，五行和阴阳都是太极的某种表现形态。

他接着又说："无极之真，二五之精，妙合而凝。乾道成男，坤道成女。二气交感，化生万物。万物生生，而变化无穷焉。"这是说，太极是无形的、至真的存在。这种无形的、至真的存在和精微的阴阳五行之材料巧妙地结合，就生成了万物。具有阳性的成为男性，具有阴性的成为女性。万物生生不息，于是世界变化无穷。

这就是周敦颐关于宇宙生成的一个简明图式的解说。

4．"主静"——仁义道德发挥的根本

周敦颐在宇宙生成理论的基础上，提出了"主静"的道德理论。可以说，《太极图说》的起点是"无极而太极"的宇宙本体论，终点则是"主静"的道德论。

周敦颐在讲了"二气交感，化生万物。万物生生，而变化无穷焉"之后接着说："惟人也，得其秀而最灵。"这是说，阴阳二气生出五行，五行化生万物，就有了人与万物。他特别强调人在万物中的独特地位，认为人禀受了天地中的精华，在某种意义上是天地精华的最直接体现。因为人是天地之间的最为精华的"材料"化生而成，所以天地的本性就是人的本性，人的规律也就是自然规律的集中体现，人类社会的道德法则也就都源于天地的本性。他的这一思想体现了天人合一的观念，这是他的一个伟大的发现。从此，儒家把人类的道德价值跟天地的本性联系起来，这种联系不是源于某种主观构想，而是根源于真实的哲学思考。

虽然人类"得其秀而最灵"，但人类需要治理。为什么呢？这要结合善恶产生的原理来进一步阐发。周敦颐说："形既生矣，身发知矣，五性感动而善恶分，万事出矣。圣人定之以中正仁义而主静，立人极焉。"他认为，人得到阴阳五行的精妙材料而生，成为万物之灵。有了人的形体，就分化出人的精神。人内在的本性为外物所感，就形成了善与恶。刚柔、善恶等品质相互影响，导致错综复杂的事情不断出现，因而需要建立一个做人的最高标准——"人极"。"人极"的内容是"中正仁义"等，而以"静"为主。静，就是安宁。对于"主静"，他解释说："无欲故静。""无欲"，就是没有私欲的干扰。人能无欲，仁义道德的本性就能发挥出来。人的仁义道德的本性完全发挥出来，这种境界，其实就是他在《通书》中所说的"诚"的境界。

5. "诚"——社会道德的最高原则

周敦颐认为，太极体现为动静综合体，有了动静就有了阴阳，有了阴阳就有了刚柔。动静、阴阳、刚柔的交合作用产生了五行。从时间上讲，五行的循环运转是时间的展开；从义理上讲，五行对应仁、义、礼、智、信五常。在《通书》里，周敦颐又用"诚"对这个过程进行了阐发。

《通书·诚上第一》开头说："诚者，圣人之本。'大哉乾元，万物资始'，诚之源也。'乾道变化，各正性命'，诚斯立焉。纯粹至善者也。"

这段话中，"大哉乾元，万物资始""乾道变化，各正性命"两句出自《周易·乾卦》，周敦颐引用这些话来表示宇宙演化的过程。他认为，《周易》所说的生发万物的"乾元"，是"诚"的根源；《周易》所说的确定事物性质的"乾道"，其变化使"诚"得以确立。也就是说，在宇宙演化过程开始的时候，"诚"就开始了；在事物生成、长大的时候，"诚"也确立了。"诚"是使万物得以生成的根本，也是使万物获得自己本性的主使者。这样说来，"诚"和"太极"是不可分的，或者说它们是一致的。它们都含有万物本根的意思，都有本体论的意义。这样就可以说，"诚"是一切道德的根源，也是圣人做人的根本。

《通书·诚下第二》开头继续申发这一思想："圣，诚而已矣。诚，五常之本，百行之源也。"这是说，有了诚为本，一切道德原则（五常）和一切道德行为（百行）就都有了。正因为如此，"诚"是社会道德的最高原则和行为规范。

他接着说："五常百行，非诚，非也，邪暗，塞也。故诚则无事矣。"这是说，如果没有"诚"作为根本，那些道德原则和道德行为不是出于"诚"，而是出于虚伪，就是不道德的。人也是宇宙中的一员，本来应该具有"诚"这一品质，但事实上往往不能保持它，这是因为"邪暗，塞也"，不正、不明导致道德塞而不通。"邪暗"的根源是私心杂念，如果能克服私心杂念，就能做到"诚"。

6. "圣人"是怎样的人

　　事物有善恶之分，所以需要治理。那么由谁来治理，又怎样治理呢？周敦颐认为，进行治理的主体是圣人。圣人的重要性在于，他们能发现人类社会的价值原理，发现人类社会价值原理的根据所在。

　　那么，圣人是怎样的人？周敦颐《通书·圣第四》中说："寂然不动者，诚也；感而遂通者，神也；动而未形，有无之间者，几也。诚精故明，神应故妙，几微故幽。诚、神、几，曰圣人。"

　　"寂然不动者，诚也"，意即"寂然不动"是"诚"的状态。"诚"处于未发状态，它并不是没有行动，而是没有主动欲求。没有主动欲求，人就可安泰平和。

　　"感而遂通者，神也"，意即一旦有事物触发，就能迅速反应，心思马上就能通达，这就是"神"。

　　"动而未形，有无之间者，几也。"《周易·系辞》说："几者，动之微。""几"是行动的开始，是一种动而未动的状态，所以周敦颐说它是"动而未形，有无之间"。"几"不同于"诚"，它是一种主动的追求。然而这种主动追求不是过分的、额外的，而是分内的、应有的。就是说，人处于"几"的状态时，他有目标，但不死盯住目标；有追求，但不过分追求。在此"动而未形，有无之间"的状态下，人就能够洞察幽微。

　　总的来说，一个人依自己的本分而行动，不存非分之想，不做非分之事，就能"诚"、能"神"。他有欲求，但毫不过分，就能"几"。这样的人，因为有完备的道德、真诚的心，所以能洞察幽微。最重要的是，他能发现社会的价值原理及其根据所在。这样的人就是圣人。

　　由上可知，圣人不能有过分的主动欲求，即不能有私欲。因为一旦有私欲，人的神志就昏聩不明。因此，《通书·公第三十七》中说："圣人之道，至公而已矣。"圣人是有欲求的，但不能有超越本分的欲求。有了过分的欲求就有了私欲，也就会失去至公，这样就必然不明。

《通书·公明第二十一》中说："公于己者公于人，未有不公于己而能公于人也。明不至，则疑生。明，无疑也。"就是说，对自己公，才能对别人公。人只有自己无私，才能令别人无私。公，必须从自己的无私做起。而有了公，才能明。那么，如何修养而成为圣人呢？

《通书·圣学第二十》中说："'圣可学乎？'曰：'可。'曰：'有要乎？'曰：'有。''请闻焉。'曰：'一为要。一者，无欲也。无欲。则静虚动直。静虚则明，明则通；动直则公，公则溥。明通公溥，庶矣乎！'"这是说，学做圣人的要旨就是"无欲"。有了私欲，心里就千头万绪、疑惑丛生。只有"无欲"，心才能够"静虚"。心静如水则如明镜可鉴，虚怀若谷则无杂念纷扰，对于道理就能够了悟，看问题就可以排除偏见。如果没有私心杂念，就不会患得患失，做事就能一往无前，这就是"动直"。这样，他的行为就能做到"公"，就能有利于广大的人群，这就是"溥"。

圣人"明通公溥"，就能洞察幽微，认识世界的本质，发现人类社会的根本价值原则。这也就是《太极图说》中说的："圣人定之以中正仁义而主静，立人极焉。"圣人发现了人的根本价值原则，就确立了"人极"。人类社会有了基本法则，才会和谐地发展。对人类基本法则的确立，正是圣人的贡献。

7. 圣人要做的事——"立教"

因为人有善恶之分，所以人类社会需要治理。圣人不仅发现了人类社会的价值原则和治理原则，而且要进行教化和治理。

周敦颐说："性者，刚柔善恶，中而已矣。不达。曰：刚善，为义，为直，为断，为严毅，为干固；恶，为猛，为隘，为强梁。柔善，为慈，为顺，为巽；恶，为懦弱，为无断，为邪佞。惟中也者，和也，中节也，天下之达道也，圣人之事也。故圣人立教，俾人自易其恶，自至其中而止矣。故先觉觉后觉，暗者求于明，而师道立矣。师道立，则善人多。善人多，则朝廷正而天下治矣。"（《通书·师第七》）这是说，人的本性有刚有柔。刚柔有善恶之分，就是说，有刚善、刚恶、柔善、柔恶。刚柔如果太过，就是恶的，即刚恶、柔恶。如果恰到好处，没有太过，也没有不及，即"中"，就是善的，即刚善、柔善。刚善的一面，"为义，为直，为断，为严毅，为干固"；刚恶的一面，"为猛，为隘，为强梁"。柔善的一面，"为慈，为顺，为巽"；柔恶的一面，"为懦弱，为无断，为邪佞"。人的本性刚柔善恶各不相同，只有刚柔适当，得其"中"，才是善的。那么，怎样才能使刚柔适当呢？这就需要圣人立教，也就是圣人对众人进行教化，建立起师道，使众人各自改掉自己的毛病，这样天下就能得到治理。

8. "孔颜乐处"乐什么

《论语·雍也》中记载，孔子曾夸赞颜回说："一箪食，一瓢饮，在陋巷，人不堪其忧，回也不改其乐。"孔子和颜回一样，贫穷时依然保持快乐。周敦颐曾让他的学生程颢、程颐探究"孔颜乐处"的问题，让他们回答孔子和颜回为什么面对贫穷还能快乐？他们所乐的究竟是什么？

周敦颐在《通书·颜子第二十三》中回答了这个问题。他说："颜子，一箪食，一瓢饮，在陋巷，人不堪其忧，而不改其乐。夫富贵，人所爱也；颜子不爱不求，而乐乎贫者，独何心哉？天地间有至贵至爱可求，而异乎彼者，见其大而忘其小焉尔。见其大则心泰，心泰则无不足，无不足则富贵贫贱处之一也。处之一，则能化而齐，故颜子亚圣。"

周敦颐认为，人们普遍追求富贵并因富贵而快乐，普遍厌恶贫穷并因贫穷而忧愁。颜子从来不希求富贵，他虽然贫穷，但满怀快乐。这是因为，世上还有比富贵价值更大、更值得追求的东西。人们如果能见此"大"，就会内心安泰。内心如果安泰了，就没有什么不满足，富贵、贫贱都能处之如一。如果富贵、贫贱处之如一，精神境界就能升华，即迈进了圣人的境界。颜子因为见其"大"而心泰，既不爱恋富贵，也不厌恶贫穷。在他看来，富贵、贫贱没什么不同，因此，别人难以忍受的住陋巷、简衣食，他却能快乐处之。这是一种经过修养而实现超越的道德境界。颜子之乐来自见其"大"，这个"大"，就是儒家的圣人之道。由于具有强烈与执着的对于"道"的信仰与追求，颜子生活得快乐充实并具备充沛的人格力量。

孔子更是将"道"作为毕生追求的目标。但他并不厌恶富贵，不单纯地拒绝物质享受。他在追求"道"的同时，仍保持着有节制的世俗生活，以求精神与物质两方面的平衡。这是一种乐观通达的生活态度，进入了乐以忘忧的境界，也是人生可能得到的最大的幸福。

周敦颐还说："君子以道充为贵，身安为富。故常泰无不足，而铢视轩冕，尘视金玉，其重无加焉尔。"（《通书·富贵第三十三》）这是说，"道充""身安"是最为宝贵的人生状态，是不受物质欲求束缚的高远的精神境界。若能步入此境界，人就会常处安泰而告别不足之感，长久保持精神愉悦而不会在意金玉、轩冕这些物质享受。达到了这种境界，便能养成个人的完备德行，并展开自我的事业。

周敦颐提出"孔颜乐处"的问题，目的是恢复儒家圣人之道，为当时的知识阶层确立人生的价值目标。"孔颜乐处"的思想由周敦颐首次提出，以后便成了理学的重要课题。

七 张 载

1. 张载其人

张载（1020—1077），字子厚，大梁（今河南开封）人，后迁居至陕西凤翔郿县（今陕西眉县）横渠镇，世称横渠先生。他是"北宋五子"之一，也是理学创始人之一。

张载的父亲张迪任涪州（今重庆涪陵）知州时，在任上病故，家人商量将其归葬原籍大梁。十五岁的张载和母亲及弟弟张戬护送父柩回乡，行至郿县横渠镇时，因路费不足加上前方战乱，无法继续前行，于是将父亲安葬于横渠，全家便定居在这里。

张载年轻时志气不凡，喜欢谈论军事。当时西夏不断侵扰宋朝，他对此义愤填膺，打算组织民团去夺回被西夏侵占的洮西。宋仁宗康定元年（1040年），二十一岁的张载上书当时任陕西经略安抚副使兼知延州的范仲淹。范仲淹召见了他，认为他将来一定能成大器，便赠给他一本《中庸》，并告诫他说，儒者应该关注名教，以复兴儒道、恢复礼乐为己任。张载受到启发，回去研读了《中庸》，读后收获很大，但感到不满足，于是又读佛家、道家的书。他读了好多年佛、道的书，终无所得，便又回到儒家学说上来，尤其钟情于《周易》。

宋仁宗嘉祐二年（1057年），三十八岁的张载赴京应考，时值欧阳修主考，张载与苏轼、苏辙兄弟同登进士

张载像

第。于此期间，张载在京城设虎皮椅讲《周易》，听者众多。一天，程颢、程颐兄弟来访，三人就《周易》讨论了一番。张载是二程的表叔，但他虚心就教，在听取了二程的见解后，自愧不如，第二天即撤去虎皮，对听讲的人说，关于《周易》，我不如二程，你们以后可向他们请教。

张载进士及第后，始授祁州司法参军，后迁云岩县令。他在任云岩县令时，政令严明，重视教化，提倡尊老爱幼的社会风尚。张载后来又任著作佐郎、佥书渭州军事判官等职。在渭州，他深受经略使蔡挺的信任。军府中的事宜，蔡挺都要征求他的意见。他建议蔡挺在灾年用军资赈济灾民，还建议废除戍兵换防的惯例，招募当地人取代。他还撰写了《泾原路经略司论边事状》和《经略司边事划一》等，展现了很高的政治军事才能。

宋神宗熙宁二年（1069年），御史中丞吕公著向朝廷推荐张载，宋神宗召见了他。张载提出恢复三代之制的想法，宋神宗十分满意，想重用他。张载认为自己刚调入京城，对当时的新政了解较少，希望观察一段时间后，再有所进献。后来他被任命为崇文院校书。当时王安石辅佐宋神宗实行变法，想得到张载的支持。但张载与王安石见面时，言语多有不合，遂引起王安石的反感。张载不久被派往明州（今浙江鄞州）审理一起贪污案，办完案子回朝时，正赶上其弟监察御史张戬因反对新法被贬，张载觉得自己可能会受到株连，便辞官回到横渠。

五十一岁的张载回到横渠后，潜心于学术研究。他的学生吕大临在《横渠先生行状》中描述老师用功的情形："俯而读，仰而思，有得则识之。或中夜起坐，取烛以书……"在这期间，张载写下了大量的著作，对自己一生的学术思想进行了总结。他一面著述，一面讲学。他的弟子很多，大都是陕西关中人，所以，他的学派被称为"关学"。

宋神宗熙宁十年（1077年），秦凤路守帅吕大防认为张载的学术继承了古代圣贤的思想，可以用来复兴古礼、矫正风化，于是上奏神宗召张载回京任职。这时张载正患病，但还是带病入京，被授为知太常礼院。上任不久，因与礼官意见不合，他便辞职西归。途中经过洛阳，张载与二程相见。行至临潼，他住在旅馆，当晚沐浴就寝，不想第二天即与世长辞，享年五十八岁。

2.《正蒙》其书

张载的主要著作有《正蒙》《易说》，还有讲学记录《经学理窟》《语录》等，明代人编为《张子全书》，1978年中华书局出版了《张载集》。

《正蒙》一名《张子正蒙》，约成书于熙宁九年（1076年），是在他去世前夕才传给弟子的。《正蒙》是张载最重要的著作，标志着他哲学体系的完成。

"蒙"是《周易》的一个卦名，该卦的《象辞》中有"蒙以养正"这样的话。蒙，即蒙昧未明；正，即订正。"正蒙"意即从蒙童起就应培育人的纯正无邪的品质。张载说："养其蒙使正者，圣人之功也。"（《正蒙·中正》）书名由此而来。

《正蒙》一书是张载的晚年定论之作，彰显了他理论的全貌。《正蒙》的主旨，是用儒家学说批判佛、道思想，力图建立气本论的哲学体系。在《正蒙》中，他以《易传》为根据，论证了物质的气是世界本原的观点，批判了佛教"以心法起灭天地""诬天地日月为幻妄"及老子"有生于无"的思想。《正蒙》一书所建立的气本论哲学，开启了中国古代朴素唯物主义发展的新阶段。同时，《正蒙》提出的"一物两体"思想，对中国古代朴素辩证法的发展做出了重要贡献。后来罗钦顺、王廷相、王夫之、戴震等都继承和发挥了《正蒙》的思想。

张载逝世后，《正蒙》一书由其门人苏昞分为《太和》《参两》《天道》《神化》《动物》《诚明》《大心》《中正》《至当》《作者》《三十》《有德》《有司》《大易》《乐器》《王禘》《乾称》等十七篇，刻印流传，关中一带几至"家弦户诵"。现存最早版本见于宋本《诸儒鸣道集》中。《正蒙》的注解本较多，以王夫之的《张子正蒙注》最为著名。

3. "太虚即气"——"气"构成了世界

张载把"气"看作构成世界的物质实体，认为整个世界是由气构成的。他说："凡可状皆有也，凡有皆象也，凡象皆气也。"（《正蒙·乾称》）有，就是存在；象，就是现象。这句话是说，凡是可描述的东西都是存在的，凡是存在的都有其现象，凡是现象都是由气构成的。也就是说，一切存在的东西都是由气构成的。

张载认为，"太虚"（宇宙时间、空间的总称）是气的本来状态。他说："太虚无形，气之本体。其聚其散，变化之客形尔。"（《正蒙·太和》）这里的"本体"，是指本来的状态，即气没有变成具体事物时的状态，也就是气散的状态。这种气散的状态就是"太虚"。"客形"是暂时的形态，指气聚气散的形态变化。整句话是说，太虚看起来是空洞的，但实际上并不是空无所有，它是气的本来的状态。气散时就是太虚，气聚时就生成万物。太虚、气、万物之间的关系，只是一种聚散的关系，这种聚散是不以人的意志为转移的。"太虚不能无气，气不能不聚而为万物，万物不能不散而为太虚"（《正蒙·太和》），也就是说，气聚散而为太虚或万物，这是必然的。

他得出结论："知太虚即气，则无无。"（《正蒙·太和》）意思是，太虚就是气，根本就没有所谓的"无"。总的来说，有形象的、可见的万物以及看起来空虚无物的太虚，都是由气构成的。张载把气看成构成世界的物质实体，认为世界统一于气。他这种对于世界的认识，我们称为"气本论"。

4. "一物两体"——"气"包含两个对立面

张载认为，作为世界物质实体的气，含有正反两个方面。物质的运动变化，就是由这两个方面的相互作用而引起的。他说："一物两体，气也。一故神，两故化，此天之所以参也。"(《正蒙·乾称》)意思是说，气是一个统一体，即"一物"；它包含两个方面，即"两体"。因为气是两个对立面的统一体，所以神妙莫测；因为气是一体之中的两个对立面，所以变化多端。两个对立面的相互作用造成了运动变化，对立面合成一个统一体就是"参"。

关于两个对立面相互作用的情形，张载描述道："若阴阳之气，则循环迭至，聚散相荡，升降相求，絪缊相揉，盖相兼相制，欲一之而不能，此其所以屈伸无方，运行不息，莫或使之。"(《正蒙·参两》)这是说：阴阳二气相互转化，循环交替；时聚时散，相互激荡；有升有降，相互追求；彼此糅合，相互生发。总而言之，事物的两面总是此屈彼伸、此消彼长，既相互包含，又相互制约，处在不停的运动变化之中。张载关于两个对立面相互作用的理论，论证了事物的内在矛盾是运动变化的原因，肯定了物质世界运动变化的永恒性。

5. "万物皆有理"——对人类认识活动的思考

既然气是构成世界的物质实体，那么，气与理的关系是怎样的呢？张载认为气的变化是有理的，他说："天地之气，虽聚散攻取百涂（途），然其为理也，顺而不妄。"(《正蒙·太和》)意思是说，气时聚时散，或者相互排斥，或者相互吸引，虽然变化多端，但都遵循一定的规律——理。理是客观的，不以人的意志为转移。

张载进一步提出"万物皆有理"(《语录》)的观点，认为天地万物都含有"理"。他说："天之生物也有序，物之既形也有秩。"(《正蒙·动物》)天地万物的运动变化都有一定的规律性，也就是都包含一定的理。

张载认为，人们必须穷究万物之理："若不知穷理，如梦过一生。"(《语录》)那么，怎样穷理呢？张载认为，理是物的理，理依赖于物而存在，因此要坚持从外物到认识的线路。他说："人谓已有知，由耳目有受也；人之有受，由内外之合也。"(《正蒙·大心》)就是说，认识的产生，是由于感官接受了外来刺激；人之所以能够接受外来刺激，是因为主体和客体的接触。这里强调了外物是认识产生的根源，认识作用是以外物为根据的。

张载还论述了感性认识和理性认识的作用。他认为，感性认识是感官从外界得来的，但是仅仅有感性认识还不足以认识真理。"世人之心，止于见闻之狭。圣人尽性，不以见闻梏其心。"（《正蒙·大心》）就是说，一般人的心，以感性认识为范围；而圣人的心，不受感性的局限，与天下万物同其广大。这里是说，耳目等感官有局限，只有靠心的作用，才能认识事物的本质。这里的"尽性"，是指研究宇宙的本质和规律。

6. "善反之，则天地之性存焉"——对人性的思考

张载认为，万物是气的凝聚，人也是由气凝聚而成的。气的本性，就是人的本性。他说："合虚与气，有性之名。"（《正蒙·太和》）这里的"虚"，是太虚，即气的本来状态；这里的"气"，指阴阳二气。这句话是说，太虚本性和阴阳二性的结合，构成了人性。

张载认为，每个人都有太虚本性，这叫作"天地之性"；又因为每个人所禀受的阴阳二气不同，所以每个人又有其特殊的本性，这叫作"气质之性"。"天地之性"是纯粹的、至善的，"气质之性"则杂而不纯、善恶皆有。人所表现出的善来源于"天地之性"，恶则来源于"气质之性"。

"天地之性"是人的本质所在，人们只要善于反省，就能找到自己的"天地之性"，这就是张载所说的"形而后有气质之性，善反之，则天地之性存焉"（《正蒙·诚明》）、"性于人无不善，系其善反不善反而已"（《正蒙·诚明》）。

那么，如何反省而回归"天地之性"呢？张载认为，既然人的各种欲望和不善都来自"气质之性"，那么，君子就应该"变化气质"，即通过道德修养来改变"气质之性"。

张载还认为，既然自己的本性与一切人和物都相同，那么，就应该爱一切人和一切物。他说："性者万物之一源，非有我之得私

也。惟大人为能尽其道。是故立必俱立，知必周知，爱必兼爱，成不独成。"(《正蒙·诚明》)这是说，"性"是万物共同的本性，不单单是我个人所拥有的，但唯有"大人"的行为才能体现出这个道理。所以，立，必立己而且立人；知，必周知万物；爱，必爱己而且爱人；成，必成己而且成物。张载在《西铭》中进一步发挥了这种泛爱思想。

7.《西铭》与"横渠四句"——对人生境界的思考

《西铭》也叫作《订顽》，是《正蒙》第十七篇的第一条。它宣扬儒家的仁孝思想，并将之提高到一个新的境界，因而受到程颢、程颐和朱熹的推崇，成为宋明理学的重要思想来源之一。

《西铭》开头说："乾称父，坤称母；予兹藐焉，乃混然中处。故天地之塞，吾其体；天地之帅，吾其性。民，吾同胞；物，吾与也。"张载在此明确了人在宇宙中的地位。他说宇宙像一个大家庭，天好比父亲，地好比母亲。我极其渺小，和万物一样生存于天地间。因此，充塞于天地间的气构成了我的身体；气的本性是天地间的统帅，它构成了我的本性。所以，一切人都是兄弟，万物都是同伴，这就是"民胞物与"。他真诚地认为，人生存于世上，本来都是兄弟，所以人们要彼此相爱。这是一种人类之爱。张载在这里建构了一个"天下一家"的宇宙社会观，强调了宇宙中一切人和物的亲和关系。张载认为，人以天地（乾坤）为父母，应该以对待父母的方式来对待天地。将对"天地父母"的"孝"推广到社会生活中，就是要尽自己的职责做事，尽心尽力关照他人和社会。

张载接着借助传统宗法关系描述了人在社会中的地位和职责："大君者，吾父母宗子；其大臣，宗子之家相也。尊高年，所以长其长；慈孤弱，所以幼其幼；圣，其合德；贤，其秀也。凡天下疲癃、残疾、惸独、鳏寡，皆吾兄弟之颠连而无告者也。"

这是说，君主是"天地父母"的"长子"，大臣是君主的辅佐。尊敬老人，就是尊重我的兄长；爱护孤幼，就是爱护我的幼儿。圣人身上能体现天地的品德，贤人则是天地优秀的儿子。所有天下衰弱、残疾、孤苦的人，都是我可怜的兄弟。

在张载看来，自我和他人虽然是同胞关系，但由于各自存在社会地位和境遇的不同，在社会上的具体职责也就不同。然而所有的人都应该尊重圣贤，并以之为榜样。他说："不愧屋漏为无忝，存心养性为匪懈。恶旨酒，崇伯子之顾养；育英才，颖封人之锡类。不弛劳而底豫，舜其功也；无所逃而待烹，申生其恭也。体其受而归全者，参乎！勇于从而顺令者，伯奇也。"

这是说，即便在屋漏隐僻之地独处，也能无愧无怍，这才算无辱于"天地父母"；时时存仁心、养天性，这才算是无所懈怠。崇伯之子大禹不近美酒，专心奉养"天地父母"；颖考叔通过培育英才而将恩德施与同类；舜不断努力令父母欢愉，以此作为对天地的贡献；顺从父命，不逃亡以待烹戮，这是太子申生被谥"恭"的缘由；临终时将自己的身体完整地归还给"天地父母"的是曾参；勇于顺从父命的是伯奇。张载认为，所有人都应该像禹、颖考叔、申生、曾参、伯奇等古代圣贤一样，做纯孝的人，以发扬社会公德和成就自我人格。

张载还主张，人应该安然地对待富贵贫贱、福祸寿夭等生存境遇："富贵福泽，将厚吾之生也；贫贱忧戚，庸玉女（汝）于成也。存，吾顺事；没，吾宁也。"

这是说，人应该乐道不忧、乐天安命。人生的顺境，是上天对我的恩泽；人生的困境，是上天对我的考验。如果活着，我就按照常规做事；如果死了，我就宁静地休息。这种态度是君子最高的精神境界。只有坦然地对待生平所遇，坚持不懈地实现自己的价值，才能超越外在境遇对自我的困扰，达到人生的永恒安宁。

《西铭》申明了人对宇宙应有的态度。它之所以受到后人的重视，是因为它不仅具有包容宇宙的气魄，而且具有开创性。孔子所讲的仁孝只是指人的内心，孟子讲仁孝要推己及人；张载的不同之处在于，他把仁孝之道推广到宇宙的范围，把人生和宇宙联系起来，把对人生的认识贯彻为对宇宙的认识，这是先贤所未发的。《西铭》将仁孝理论提高到一个新的境界，这一理论的产生，是以张载的气本论作为基础的。既然宇宙是由气构成的，人也是由气构成的，那么，人与宇宙也是一体的。人虽然渺小，但和宇宙一致，所以"万物一体""民胞物与"。

总的来说，《西铭》讲的是人生境界，它要求人在有生之年，尽其作为宇宙成员和社会成员所应担负的责任和义务。正因为有这样的人生境界，张载的志向不同凡响："为天地立心，为生民立命，为往圣继绝学，为万世开太平。"（《语录》）这就是著名的"横渠四句"。

"横渠四句"中，前两句是关键。所谓"立心"，就是把人的思维能力发挥到最高程度，使宇宙间的事物和规律得到最广和最高的认识。所谓"立命"，就是立"道"。"道"是为人的道理。"立命"与周敦颐所说的"立人极"意思相近。

"横渠四句"是"大其心"所产生的结果。张载说："大其心则能体天下之物。"（《正蒙·大心》）人如果能跳出自己的圈子，他的心开阔了，也就能使思维能力发挥到极致，对天下之物有一个透彻的认识。

《西铭》及"横渠四句"所阐明的作为个体的人的最高理想，是要实现自我和他人、家庭和社会、人类和自然的和谐统一。要实现这种理想，首先要在对宇宙无限性及和谐性认同的基础上，确立宇宙的基本精神，即自我的本性。只有认同了天地的广大仁性，并在社会实践中竭力承担社会责任，尽心关照每一个社会成员，才算是发挥出天地之性，而无愧生于天地之间。这是张载为人们指出的应有的人生理想。难怪程颢对《西铭》赞佩有加，认为有了这一篇文章，可以省去许多言语。

八 程颢、程颐

1. 程颢、程颐其人

程颢（1032—1085），字伯淳，世称明道先生。程颐（1033—1107），字正叔，世称伊川先生，为程颢之胞弟。兄弟二人合称"二程"，是理学的奠基人。

二程是洛阳人，出身于仕宦家庭，父亲程珦官至太中大夫。二程童年时随父亲四处迁徙，在父亲的各个任所就读。十四五岁时，兄弟两人听从父命，受学于周敦颐。程颐在《明道先生行状》中说其兄长的治学过程，一方面接受儒家教育，另一方面不满科举之业而接受佛、道思想，在吸纳其中一些元素后，又返归儒家经典，从而建立了自己的思想学说。

宋仁宗嘉祐二年（1057年），程颢中进士，先后任鄠县主簿、上元主簿、泽州晋城令等。宋神宗熙宁二年（1069年），王安石主持变法，曾派程颢等人视察农田水利赋役等情况。后由御史中丞吕公著推荐，程颢任太子中允、权监察御史里行，便由地方进入中央。他上

程颢像

程颐像

了一系列奏疏，反对王安石新法，引起王安石的不满，于是被排挤出朝廷，为佥书镇宁军节度判官事。熙宁五年（1072年）以后，程颢虽然还担任过一些官职，但主要精力已转向学术和教育。元丰八年（1085年），宋哲宗即位，王安石变法失败，以司马光为首的旧党人物上台，程颢被推荐为宗正寺丞，但他没来得及赴任就去世了，享年五十四岁。程颐在《明道先生墓表》中评价他说："使圣人之道焕然复明于世，盖自孟子之后，一人而已。"

程颐少有大志，十八岁时就以布衣身份上书宋仁宗，显示出忧国忧民的情怀。宋仁宗嘉祐元年（1056年），程颐随父入京师，入国子监读书。国子监直讲胡瑗以《颜子所好何学论》试诸生，看了程颐的试卷后大为赞赏，遂授予他学职。当时显贵吕公著的儿子吕希哲率先拜程颐为师，随后四方之士纷纷前来拜师求教。

嘉祐四年（1059年），程颐受诏，赐进士出身。程家世代为官，程颐的父亲按例享有荫庇子弟当官的特权，而程颐每次都把做官的机会让给同族的人，长期以处士的身份潜心学术。

宋哲宗即位后，司马光、吕公著等人推荐程颐为汝州团练推官、西京国子监教授，但程颐并没有接受任命。宋哲宗元祐元年（1086年），程颐受命为崇政殿说书，辅导皇帝读书。程颐就职前上奏宋哲宗，提出让侍讲官坐着讲的建议，以培养君主尊儒重道之心。他在讲课时，常于文义之外，反复推明圣贤之道，使听者叹服。一时间，有很多学者归于程颐门下。程颐以天下为己任，议论褒贬，无所顾避。然而，之后他卷入了党争，受到弹劾，被罢去崇政殿说书之职。自此程颐基本上脱离了政治生活，在洛阳从事讲学。绍圣三年（1096年），因新党再度执政，他被定为旧党成员，贬到涪州。

元符三年（1100年），宋徽宗即位，移程颐至峡州，短暂恢复其官职。崇宁元年（1102年），宋徽宗恢复新法，贬斥旧党，下旨毁掉程颐的全部著作，程颐退居洛阳龙门之南伊皋书院。大观元年（1107年），程颐在党祸中去世，享年七十五岁。程颐入葬时，其弟子因惧怕卷入党祸而不敢送葬。

2.《二程全书》

程颢、程颐的著作,有《程氏遗书》《程氏外书》《程氏文集》《周易程氏传》《程氏经说》《二程粹言》等六种。

《程氏遗书》二十五卷、附录一卷,是二程的语录,由二程门人记录,后经朱熹编定。

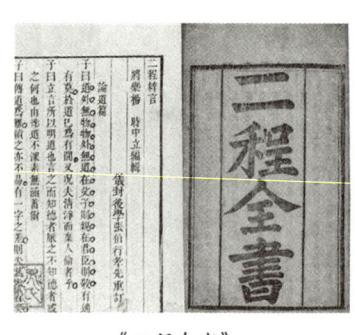

《二程全书》

《程氏外书》十二卷,由朱熹编定。

《程氏文集》十二卷,前四卷为程颢的诗文集,后八卷为程颐的诗文集。后附《遗文》一卷。

《周易程氏传》四卷,是程颐对《易经》的注释。

《程氏经说》八卷,是程颐解经之文。

《二程粹言》二卷,是二程的弟子杨时对二程语录的改写订定。

明清时,人们把二程的六种书合刊为《二程全书》。明万历年间有徐必达刻本,清康熙年间有吕留良刻本,清同治年间有涂宗瀛刻本。1981年中华书局出版点校本《二程集》。

3."天理"的提出

二程最早以"天理"作为其哲学体系的最高范畴。程颢说:"吾学虽有所受,'天理'二字却是自家体贴出来。"(《程氏外书》卷十二)天理的提出,确立了理学的基本概念,为理学的发展奠定了理论基础,这是二程的一大贡献。

程颢认为,世界的根源是"理",也叫作"天理"或"道"。他说:"天者,理也。"(《程氏遗书》卷十一)"天"是宇宙万物的主宰和根源,是最高实体。"天即理"的论断,将"天"与"理"等同起来,使"理"成了最高实体,具备了宇宙本体的意义。

程颢认为,天理具有普遍性和客观性,而且永远存在。他说:"天理云者,这一个道理,更有甚穷已?不为尧存,不为桀亡。人得之者，故大行不加，穷居不损。这上头来，更怎生说得存亡加减？是佗元无少欠，百理具备。"（《程氏遗书》卷二）他还说："万物皆只是一个天理，己何与焉？"（《程氏遗书》卷二）这段话包含两层意思：首先，天理是普遍的，适用于所有的人和物；而狭隘的道理只适用于一隅，不可以普遍化。其次，天理是客观的，个人的主观好恶无法掺杂其中。天理永远都在，不会因为有像尧那样的好人就存在，也不会因为有像桀那样的坏人就消亡。个人行为的好与坏，不影响天理的存在；人对天理的知与不知，也不影响天理的存在。每一事物都有完备的理。理不生不灭，不增不减，永远存在。

程颐认为，理是事物的所以然，也是事物所根据的法则。"所以谓万物一体者，皆有此理，只为从那里来。"（《程氏遗书》卷二）这是说，理是万物产生的根源，万物都是理所派生的。因为万物都是理的体现，所以说"万物一体"。他还说"天下物皆可以理照"（《程氏遗书》卷十八），就是说理产生和支配万物，超越于万物之上。

程颐还认为，万物各有其理，但从根本上来说，万物的理只是一个理，万物都是这个绝对的理的体现。他说："理则天下只是一个理，故推至四海而准。"（《程氏遗书》卷二）他还说："万物皆是一理，至如一物一事虽小，皆有是理。"（《程氏遗书》卷十五）由此，他提出"理一分殊"的观点："天下之理一也，途虽殊而其归则同，虑虽百而其致则一。虽物有万殊，事有万变，统之以一，则无能违也。"（《周易程氏传》卷三）这是说尽管天下的事物各不相同，但它们有一个统一的理。这个理从万事万物中体现出来，是万物存在的依据。

理既是自然界的最高原则，也是社会的最高原则。程颐说："凡眼前无非是物，物物皆有理，如火之所以热，水之所以寒。至于君臣父子间，皆是理。"（《程氏遗书》卷十九）这是说理的一个重要内容是君臣、父子等伦理观念。程颢也说："父子君臣，天下之定理。"（《程氏遗书》卷五）二程"天理"论的主要作用在于，把人伦等同于天理，也就是把维护君权和父权统治的道德法则看成是永恒的绝对真理，这样就从宇宙本体的高度论证了封建社会秩序和道德规范的合理性。

4. "有理则有气"

"理"和"气"是二程哲学的一对基本范畴。关于什么是气，二程吸取了张载的气化论，认为"万物之始，皆气化"（《程氏遗书》卷五）。万物在阴阳二气的消长变化中得以生成，气是生成万物的材料。

关于理和气的关系，张载主张以气为本，认为气是最根本的实在。二程反对张载的气本论，认为气是物质的，而物质世界是形而下的，形而下的不是根本；道、理是形而上的，形而上的才是根本。程颢说："形而上者谓之道，形而下者谓之器。若如或者以清虚一大为天道，则乃以器言，而非道也。"（《程氏遗书》卷十一）"或者"指的就是张载，"清虚一大"即张载所说的"太虚"。张载认为太虚是气的原始状态，是物质世界的最初根源；程颢则认为太虚是物质性的，不足为根本。与张载以气为本的观点相反，程颐认为理是世界的本原，是第一性的，气是从属于理的。他说："有理则有气。"（《二程粹言》卷一）气由于理的作用才产生出来，理是气的根本。

张载认为，气有聚散，但永远存在。程颐吸收了张载以聚散言气的思想，但认为气有生有灭，不是永恒的。他说："物生者，气聚也；物死者，气散也。"（《二程粹言》卷二）"凡物之散，其气遂尽，无复归本原之理。"（《程氏遗书》卷十五）事物消亡就是气散。气散之后，事物就不存在了，构成事物的材料——气也不会复归本原。由于理的作用，气产生出来。气不断地产生、消亡，而理作为世界的本原是永恒的。

与强调天理为本体相联系，二程强调形而上、形而下的区分。相对于程颢，程颐对这种区分更为注重，也更为严格。程颐说："一阴一阳之谓道。道非阴阳也，所以一阴一阳者道也。"（《程氏遗书》卷三）他还说："离了阴阳更无道，所以阴阳者是道也。"（《程氏遗书》卷十五）他认为，形而下之器，是时空中的具体事物；形而上之道，是超时空永存而抽象的理。形上见于形下，如果没有形下之器，则形上之道就不可见，故云"离了阴阳更无道"。但是，道乃是"所以一阴一阳者"，即阴阳的所以然，它并不就是阴阳，故云"道非阴阳"。程颐对形上、形下的严格区分，为中国哲学打开了一个巨大的、思辨性的哲学空间。

5. "性即理"

二程创立了"性理之学"。他们认为，人性来源于两个方面，即"生之谓性""天命之谓性"。

程颐说："'性'字不可一概论。'生之谓性'，止训所禀受也；'天命之谓性'，此言性之理也。今人言天性柔缓，天性刚急，俗言天成，皆生来如此，此训所禀受也；若性之理也，则无不善，曰天者，自然之理也。"（《程氏遗书》卷二十四）

这里，"生之谓性"也叫气质之性。气有清有浊，所以这个"性"有善有恶；"天命之谓性"的"性"，则是天所赋予的，是作为宇宙根源的"理"在人心中的体现，所以这个"性"是纯粹的善。

这里，我们要注意的是，程颐在解释"性"时，引入了"理"的概念。程颐认为，"天命之谓性"的性，就是"理"，所以他说"性即理也"（《程氏遗书》卷二十二）。而他说的"理"，也就是"五常"。这实际上是认为，五常是所有人的先天本性，是人固有的东西。这样就把人性和天理等同起来，把人性论和宇宙论结合起来了。人性论和宇宙论的结合，使得封建社会的伦理纲常成了人们必须遵守的宇宙规律，从而使宋代理学确立起来。

人性既然包括仁、义、礼、智、信等道德内容，为什么人在生活中又有许多不道德的行为呢？这就回到程颐所说的人性的另一来源——"生之谓性"。

程颐说："生之谓性，性即气，气即性，生之谓也。人生气禀，理有善恶，然不是性中元有此两物相对而生也。有自幼而善，有自幼而恶，是气禀有然也。善固性也，然恶亦不可不谓之性也。"（《程氏遗书》卷一）这里，我们要注意的是，程颐在解释"性"时，引入了"气"的概念。人作为具体的物，在生成时必然依于气，就是说人带有"气禀"。人性虽然就其本体而言是至善的，但既然带有"气禀"，就会有善恶，如同水有清浊一样。程颐还说："气有清浊，禀其清者为贤，禀其浊者为愚。"（《程氏遗书》卷十八）就是说，气有清浊，人有善恶。人的恶是从先天禀受的气质中带来的。

基于这样的人性论，二程提出了"存天理，去人欲"的主张，即通过克服人欲，来保持以天理为内容的"天命之谓性"。程颐说："无人欲，即皆天理。"（《程氏遗书》卷十五）他认为天理和人欲是对立的，要使人心回归天理，必须摒除人欲和私意。

6. "仁者浑然与物同体"

程颢对儒家的核心概念"仁"提出了新解释。他说："医书言手足痿痹为不仁，此言最善名状。仁者以天地万物为一体，莫非己也。认得为己，何所不至？若不有诸己，自不与己相干。如手足不仁，气已不贯，皆不属己。"（《程氏遗书》卷二）程颢认为天地万物是一个整体，它们之间有着休戚相关的联系。仁人就是以天地万物为一体的人，他能切实感受到自己与万物合而为一，他所达到的这种体验境界，就叫作"仁"。如果感受不到万物之间的这种关系，就是不仁。他还认为，仅仅认识到万物一体的道理是不够的，重要的是要达到这种仁的境界，真实地感觉到自己与万物同体。比如仁人会将山看作自己的骨骼，将河看作自己的血脉。假如有人上山滥伐，他会感到疼痛；有人弄脏河水，他会感到痛心。这就是仁的境界。

程颢还说："若夫至仁，则天地为一身，而天地之间品物万形为四肢百体。夫人岂有视四肢百体而不爱者哉？圣人仁之至也，独能体是心而已。"（《程氏遗书》卷四）如果能感受到自己与万物一体，把天地看成是一个大我，就会对天地万物充满爱。达到了这种"至仁"的境界，就会泛爱万物。如果感受不到与万物一体，对他物的爱就是空谈。

如何达到仁的境界？程颢说："学者须先识仁。仁者浑然与物同体，义礼知（智）信皆仁也。识得此理，以诚敬存之而已。不须防检，不须穷索。若心懈，则有防；心苟不懈，何防之有？理有未得，故须穷索；存久自明，安待穷索？"（《程氏遗书》卷二）学习者一定要认识仁的境界。因为人和万物之间存在感通关系，所以要感觉到浑然与万物同体。他还认为，义、礼、智、信都是仁的不同表现，是仁这个更高原则的具体化。明白了这个道理，"以诚敬存之"就可以了，也就是说，真诚地、专注地注意这个道理就可以了，不需要提防检省，也不需要冥思苦想。他还说，"以诚敬存之"的修养方法，是"必有事焉而勿正，心勿忘，勿助长"（《程氏遗书》卷二）。就是说，要坚持这个道理，并且通过不断努力达到这种精神境界。但也不能操之过急，如果求之过速，就如揠苗助长。总的来说，这个方法就是"勿忘""勿助长"。

达到这种仁的境界的仁人，会表现出一种温暖和平的气象，产生相当大的感染力。所以，有程颢的学生感叹，跟从老师学习时，如坐于和煦春风中。

7. "涵养须用敬"

二程主张以"敬"为基本的修养功夫。程颢说："敬胜百邪。"（《程氏遗书》卷十一）意思是说，"敬"可以消除一切虚妄邪恶的东西。程颐也说："涵养须用敬，进学则在致知。"（《程氏遗书》卷十八）在此我们谈谈"涵养须用敬"，把"进学则在致知"放在下一节来谈。

什么是"敬"？程颐解释说："主一之谓敬。"（《程氏遗书》卷十五）"主一"就是聚精会神、专心致志的精神状态。对于"一"，他解释道："无适之谓一。"（《程氏遗书》卷十五）他认为"主一"就是"无适"，即在没有任何对象和方向的情况下，内心收敛、严整、纯净、专一。具体说，由于对天理真诚的崇奉，形成了对待天理恭谨专一、不轻慢、不懈怠的心理，这就是"敬"。程颐说："纯于敬，则己与理一,无可克者,无可复者。"(《二程粹言》卷一)就是说,如果做到全心全意的"敬",就会使自己的身心与天理合为一体。要是修养到这种程度,那就不会有需要克服的物欲,也不会有需要恢复的天理了。

为什么一定要有此"主一"的"敬"呢?因为人总是有各种各样的想法,纯粹的无思无虑是不可能的。程颐说:"人心不能不交感万物,亦难为使之不思虑。若欲免此,唯是心有主。如何为主?敬而已矣。"(《程氏遗书》卷十五)要想做到内心严整、纯净、专一,只有常常集中注意力,保持精神的专一,时刻提醒自己克服私心杂念。与"敬"相反的是心不在焉、一心二用。如果心因为放纵而不在此处,那就需要收敛心神,让它回到原位,保持"主一""无适"的状态。

"敬"与"静"不同。周敦颐讲"静",二程不同意他的说法。有人问程颐:"敬"是否就是"静"?程颐认为,如果静修到心如死灰的境地,就忘记了一切,还谈什么明天理?儒家的修养功夫,不是待在一处静坐,而是一件事一件事地去磨炼。人生的磨炼是一个漫长的过程,要通过大大小小的事去慢慢地积累。儒家的修养方式是实际的行动,多做一件事情,就多一分感受和经验。

关于"敬"的效用,程颐说:"敬是闲邪之道。闲邪存其诚,虽是两事,然亦只是一事,闲邪则诚自存矣。"(《程氏遗书》卷十八)"闲"是排除的意思。"敬是闲邪之道",意即"敬"是清除邪恶的最好办法。邪恶的东西一旦被清除,美好的东西自然会呈现出来。"敬"使人排除一切私心杂念,在信守天理上达到高度的专一。同时,排除了私心杂念的人,也增强了对天理的真诚笃实的信念,这就是"存诚"。

日常生活中,人们面临的最大问题,是把自我看得太重。过强的自我意识,让人沉溺于个人的算计,总是患得患失,难有幸福感。"敬"为人们提供了修养的方法,可以帮助人们打破以自我为中心的罗网。如果人能保持对人类公理的真诚信仰,保持纯净、严整、专一的内心,凡事出于公心,个人的烦恼焦虑就会逐渐淡化和消失。正如程颢所说,"敬胜百邪",有了"敬"的修养功夫,所有的沉渣都会涤荡干净。

8. "致知在格物"

程颐说:"涵养须用敬,进学则在致知。"(《程氏遗书》卷十八)"涵养须用敬",主要侧重人的气质的调整,上一节已经谈到。程颐认为,除此之外,修养的方式还包括"进学",而"进学"的根本在于"致知"。那么,"致知"的根本又在于什么呢?程颐说:"致知在格物。"(《程氏遗书》卷十一)

程颐认为,人的心中本来具有完备的知识,但不能直接体认,必须用"格物"的功夫才能得到真知。他说:"知者吾之所固有,然不致则不能得之,而致知必有道,故曰致知在格物。"(《程氏遗书》卷二十五)

什么是"格物"?程颐说:"格,至也。言穷至物理也。"(《程氏遗书》卷二十二)他认为,"格"是"至"的意思,"格物"就是"至物"。程颐对"格物"还有一种解释,他说:"格犹穷也,物犹理也,犹曰穷其理而已也。穷其理,然后足以致之,不穷则不能致也。"(《程氏遗书》卷二十五)这是说,"格"就是"穷","格物"就是"穷理",即对事物的道理进行探索,以彻底弄清事物的道理。他认为,只有"穷理",才能"致之",也就是返回本体的"理"。以上两种解释,实际上是相通的,"穷"与"至"的字义是相似的。总之,"格物"就是穷尽事物的道理。

"格物"的具体内容是什么?程颐说:"穷理亦多端,或读书,讲明义理;或论古今人物,别其是非;或应接事物而处其当,皆穷理也。"(《程氏遗书》卷十八)就是说,可以从多个方面来穷理,如读书讲明义理、议论古今人物的是非、恰当处理事物等。

"格物"的具体方法是什么呢?程颐说:"须是今日格一件,明日又格一件,积习既多,然后脱然自有贯通处。"(《程氏遗书》卷十八)格物穷理,应当先积累,后贯通,也就是先一件一件地认识研究,积累得多了,就能豁然领悟、一通百通,认识到最根本的理。

九 朱 熹

1. 朱熹其人

朱熹（1130—1200），字元晦，一字仲晦，号晦庵，别称紫阳先生，谥"文"，世称"朱文公"，后人尊之为"朱子"。祖籍徽州婺源（今属江西），出生于南剑州尤溪（今属福建）。南宋理学家、教育家、诗人，儒学集大成者。

朱熹从小就聪慧过人。刚会说话时，他父亲指着天，教他说"天"。朱熹应声问："那天之上是什么？"这使他的父亲非常惊奇。朱熹入学后跟从老师读书，老师教他读《孝经》。朱熹看过一遍，就在书上写道："不若是，非人也。"他读到《孟子》里"舜何人也？予何人也？有为者亦若是"这些话之后，便决心要做圣人。

朱熹十九岁考中了进士。初入仕途，他做了泉州府同安县主簿。他还先后被任命为国子监武学博士、知南康军、漳州知州、潭州知州等，晚年任焕章阁待制兼侍讲，为宋宁宗讲学。朱熹做地方官时，关心民众疾苦，为他们做了很多兴利除害的事。他清正廉明、作风严峻，使地方的不良官吏非常惧怕。朱熹平生不喜做官，屡召不起，所以他在中进士之后的五十余年中，真正为官的时间并不长，在朝廷为皇帝讲学仅仅四十六天。

朱熹拜程颢、程颐的三传弟子李侗为师，得以承袭"洛学"的正统，由此奠定了他后来的学说基础。朱熹的主要时间和

朱熹像

精力都用在了讲学授徒、著书立说上面。他在福建、江西、湖南等地创办或修复了寒泉精舍、白鹿洞书院、岳麓书院、沧州精舍等讲学场所，以求明道于当时。他凭着超人的禀赋与绝大的气力，广泛涉猎并深入研究了上迄先秦，下至宋代的文化典籍，写下了大量著作。

朱熹晚年受到掌权者的打击，官职被罢免，他所倡导的学说被斥为"伪学"而遭到禁止，他的门人故交也受到迫害。朱熹死后九年，他的思想才重新受到朝廷重视，他的名誉也逐渐达到高峰。南宋末年，宋理宗追封朱熹为信国公，后改为徽国公。元、明、清三代，朱熹及其学说都享有极高的地位。

朱熹被古今许多学者认为是孔子之后思想文化领域的第二位集大成者。在传统文化领域，就视野的博大、思想的高明、阐述的缜密、影响的深远等方面而言，朱熹犹如一座高耸的山峰，不仅超过了前人，也让后辈难以企及。钱穆在其《朱子学提纲》中说："在中国历史上，前古有孔子，近古有朱子，此两人，皆在中国学术思想史及中国文化史上发出莫大声光，留下莫大影响。旷观全史，恐无第三人堪与伦比。"

2. 朱熹的著作

朱熹著述十分丰富，其著作历代虽有编辑，但并不完备。华东师范大学古籍研究所整理编辑的《朱子全书》，不仅囊括了朱熹的全部著述，而且将今人对已失传的朱熹文字的考订辑录也编集成册，并附有历代文献家对各种版本的朱熹著作的著录、序跋、考订等，是目前为止最完备的朱熹著作集。

朱熹的著述中，《四书章句集注》是他费时最多、用力最大，也最能反映他的思想的著述。"四书"也称"四子"，是《论语》《孟子》《大学》《中庸》的合称。"四书"原来各自独立，朱熹将其结集成册，并倾注

《四书章句集注》

毕生精力为其注解。朱熹说："某于《论》《孟》，四十余年理会，中间逐字称等，不教偏些子。"(《朱子语类》卷十九)"某于《大学》用工甚多。"(《朱子语类》卷十四)朱熹认为，"四书"言近旨远，可以让学者费时少而获益多。因朱熹的影响，在元、明、清三代，"四书"的重要性超越了汉唐流行的"五经"，成为学者治学的经典，《四书章句集注》也成为学者理解"四书"义理的指南。

3. 理与气

程朱学派把"理"作为核心观念，所以被称为"理学"。朱熹在二程理学的基础上，把关于"理"的理论阐述得更加明晰了。

朱熹论述了理和气的关系。他说："天地之间，有理有气。理也者，形而上之道也，生物之本也；气也者，形而下之器也，生物之具也。"(《答黄道夫》)这是说，一切事物都是由理和气构成的。气构成事物的材料并决定事物的形状，理规定事物的性质并决定事物的运行规则。理是抽象的、形而上的，是创造万物的根本；气是具体的、形而下的，是创造万物的材料。

朱熹还认为，理和气不可分离。他说："天下未有无理之气，亦未有无气之理。"(《朱子语类》卷一)但是，他又认为"理在气先"。他说："理气本无先后之可言，然必欲推其所从来，则须说先有是理。"(《朱子语类》卷一)意思是，从构成事物的时间上来说，理和气没有先后可言。一个事物能成为该事物，必然同时具有理和气这两个方面，不可分先后；但是从根源上、逻辑上来说，应当是理在气先。《朱子语类》卷一还有这样一段对话："问：先有理，抑先有气？曰：理未尝离乎气。然理形而上者，气形而下者。自形而上下言，岂无先后！"这也是说，理和气就现实而言是不可分的，但是从形而上和形而下的关系来看，从逻辑上来看，应该是理在气先。

对于理和事物的关系，朱熹认为理在事物之先。他说："若在理上看，则虽未有物而已有物之理，然亦但有其理而已，未尝实有是物也。"(《答刘叔文书》)这是说，在具体事物存在之前，这些事物的理便已经存在了。他还说:"未有天地之先,毕竟也只是理。有此理,便有此天地;若无此理,便亦无天地,无人无物,都无该载了!有理,便有气流行,发育万物。"(《朱子语类》卷一)这是说,在宇宙未生成之前,一切理就都已经存在了。理是先于事物而存在的形而上者,理比气更根本;同时,气有变化的能动性,理又不能离开气。总而言之,就是理在气先、理在事物之先,理是第一性的,气是第二性的。朱熹把这种先于具体事物而存在的理叫作"天理",认为它是最高的、永恒的、必然的原则。

4. 理一分殊

朱熹认为,每一类事物都有它的理,那么,整个宇宙肯定也有一个终极的理。这个终极的理便是"太极",它包括了万物的万般之理,是对一切理的概括:"总天地万物之理,便是太极。"(《朱子语类》卷九十四)就是说,万物虽然各有其理,但是万物之理都是一个根本的、整体的理的内容。太极是万事万物之理的总体,是万事万物的根源,一切事物的产生、变化、消亡都根源于它。

朱熹认为,太极包含万物之理,万物则分别完整地体现了太极,这就是"理一分殊"。"理一",是说整个世界的最根本的理只有一个——太极;"分殊",是说万物是太极的分别的体现。这里需要强调的是,由于太极是一个不能分割的整体,所以万物分别体现的都是整体的太极。因此,朱熹说"人人有一太极,物物有一太极"(《朱子语类》卷九十四)。就是说,宇宙只有一个太极,它是万事万物生成和存在的依据。既然每一人、每一物都以太极为存在的依据,那么每一人、每一物都含有太极,都具有那个普遍的理。总之,太极不仅是宇宙万物之理,而且内在于每类事物的所有个体之中。每个事物都含有它这类事物的理,而在这个个别的理当中,又有太极整体之理。正如朱熹所说:"本只是一太极,而万物各有禀受,又自各全具一太极尔。"(《朱子语类》卷九十四)

既然每个事物都包含整体的理,那么这一事物的理与那一事物的理为什么不同呢？朱熹解释说，虽然每一事物都具有整体的理，但因为各个事物所禀受的气不同，所以整体的理在各个事物上表现出来的时候，受到不同的气的影响，就有偏有全了。因此，"理一分殊"虽然承认"分殊"也是"理一"的具体表现，但强调"分殊"因受不同的气的影响而各不相同。他举例子说："万物皆有此理，理皆同出一原，但所居之位不同，则其理之用不一。如为君须仁，为臣须敬，为子须孝，为父须慈。物物各具此理，而物物各异其用，然莫非一理之流行也。"（《朱子语类》卷十八）强调每一事物都体现整体的理，而各类事物又有各自的理。

5. 格物致知

一个人的成长离不开从外界获取知识。人应该获取怎样的知识？如何获取知识？获取的知识用来做什么？这是每一位自觉的教育者必须思考的问题。在中国古代文化典籍里，《大学》首次系统而又简略地回答了这些问题。

"大学之道，在明明德，在亲民，在止于至善。"《大学》开篇便点明了成为"大人"（君子）的要旨所在。朱熹认为，这句话第一个"明"为动词，意思是"使……彰明"，"明德"则是上天赋予人的德性。"亲"应当看作"新"，意思是弃旧图新。"亲民"即"新民"，不仅自己要自明其明德，而且"当推以及人，使之亦有以去其旧污染也"（《大学章句》经一章）。"止"是"一定要达到这样的境界而不迁移"的意思。"明明德""亲民"与"止于至善"，这三者也被称为《大学》的"三纲领"。

《大学》接着给出了"格物""致知""诚意""正心""修身""齐家""治国""平天下"的八个步骤与途径，它们也被称作《大学》的"八条目"。用《大学》原文来说就是："致知在格物。格物而后知至，知至而后意诚，意诚而后心正，心正而后身修，身修而后家齐，家齐而后国治，国治而后天下平。"然而，《大学》原文对"诚意"以下的六条目都有说明，对"格物"和"致知"却没有解释。朱熹认为这有所遗漏，就在《大学章句》中做出了下面的解释："所谓致知在格物者，言欲致吾之知，在即物而穷其理也。盖人心之灵莫不有知，而天下之物莫不有理。惟于理有未穷，故其知有不尽也。是以《大学》始教，必使学者即凡天下之物，莫不因其已知之理而益穷之，以求至乎其极。至于用力之久，而一旦豁然贯通焉，则众物之表里精粗无不到，而吾心之全体大用无不明矣。"朱熹认为人的心中本来就含有万物之理，但人并不能直接认识它们，必须通过"格物"才能认识自己心中固有的理。《大学》的开始，就是要让学者接触天下万物，根据已知的道理进一步加以研究，从而达到知识的极限。

具体来说，"格物"是"致知"的方法和途径。这里的"物"，含义极为广泛，包括日月山川、草木鸟兽等自然之物，包括身心、性情等内在世界，包括君臣、父子、兄弟、夫妇、朋友之间的伦理关系，包括前人留下的语言文字……只要它们与人相接触，便成为"物"，便需要去思考研究。这里的"格"，朱熹解释为"至"或"来"，意思是人与物相接触。格物，就是要求人们不好高骛远，随时随地对事物加以研究，从而获取知识。

"致知"是"格物"的目的与结果。朱熹认为，人是万物之灵，人心具有先天赋予的知识，所以能够格物。人心又因"气禀之偏"与"物欲所乱"而暗昧不明，这不仅造成了感知能力的亏欠，而且造成了知识面的狭隘，这就需要格物来明理。"致"既有推到极致的意思，也有获得的意思；"知"指的是关于形而上的理的知识。因此，"致知"的一层含义是将慈、孝等人心已知之理推到极致；另一层含义是广博地接触外物，将已知之理推广到未知的事物上，以穷尽万物之理。学者用力日久，"一旦豁然贯通"，便既可以见识透彻，又可以见多识广，如此才达到"致知"的境界。

6. 道心与人心

人是万物中的一类，有自己的理。人有顺从理或悖逆理的两种行为。当人的行为顺从理的时候，便符合道，便是善行；当人的行为悖逆理的时候，便违背了道，便是恶行。照道理讲，每个人都应当顺理行善。然而，在现实中，人们常常不能如此。朱熹依据《尚书》里提出的"道心"与"人心"，对这种现象做出了更细致的解释。

《尚书·大禹谟》记载，舜禅位给禹时说了这样四句话："人心惟危，道心惟微，惟精惟一，允执厥中。"这便是著名的"十六字心传"。其意思是说：人心容易陷入危殆，道心则微妙难明，唯有精纯无私、始终如一地遵守道心，才能真正地秉持中道。

朱熹认为，人之所以为万物之灵，在于人有心。心又可以分为"人心"与"道心"两个组成部分。人心由造成个性差异的形、气所产生，道心由代表人类共性的性、命所产生。因两者产生的根源不同，所以两者知觉的内容也有差异。人心知觉于欲，而道心知觉于理，所以两者或者危殆而不安，或者微妙而难见。每个人都有形，所以上等的智者也有人心；每个人都有性，所以下等的愚者也有道心。人心和道心相混杂于方寸之间，只有精纯无私的人才能察觉人心与道心并存而不混杂的状况，才能守护并维持本心的正道。因此，要顺理而行、持守中道，就要使人心完全服从于道心。

7. 至诚尽性

能始终坚持以道心统率人心，这样的行为遵循了人的本性，便符合道。率先这样做的人，是人群中的先知先觉者，或者说是圣人。圣人将这个道理传授给他人，这就形成了教化。

《中庸》的头一句说："天命之谓性，率性之谓道，修道之谓教。"朱熹对此做出了解释："命，犹令也。性，即理也。天以阴阳五行化生万物，气以成形，而理亦赋焉，犹命令也。于是人物之生，因各得其所赋之理，以为健顺五常之德，所谓性也。率，循也。道，犹路也。人物各循其性之自然，则其日用事物之间，莫不各有当行之路，是则所谓道也。修，品节之也。性道虽同，而气禀或异，故不能无过不及之差。圣人因人物之所当行者而品节之，以为法于天下，则谓之教，若礼、乐、刑、政之属是也。

盖人之所以为人，道之所以为道，圣人之所以为教，原其所自，无一不本于天而备于我。"（《中庸章句》第一章）朱熹认同《中庸》所讲的性本源于天的观点，又将性等同于理，那么，人的行为自然应当遵循天赋之性。完全这样做，就是尽性之人，就可以"知之无不明而处之无不当也"（《中庸章句》第二十二章），成为与天、地并立的圣人。

《中庸》又指出："诚者，天之道也；诚之者，人之道也。诚者不勉而中，不思而得，从容中道，圣人也。诚之者，择善而固执之者也。"朱熹将其中的"诚者"解释为"真实无妄之谓，天理之本然也"，将"诚之者"解释为"未能真实无妄而欲其真实无妄之谓，人事之当然也"。朱熹接着解释说："圣人之德，浑然天理，真实无妄，不待思勉而从容中道，则亦天之道也。未至于圣，则不能无人欲之私，而其为德不能皆实。故未能不思而得，则必择善，然后可以明善；未能不勉而中，则必固执，然后可以诚身，此则所谓人之道也。"（《中庸章句》第二十章）这是说，圣人是天下至诚之人，所以能尽其性；他人则需要先通过学习弄明白至善的道理，然后择善并坚持下去，才能达到诚，才能尽人之性。

8. 道统

在儒学的发展进程中，道统被赋予了三层含义：一是对道的正确认识，二是自觉的弘道意识，三是对知道与传道的先贤的认同意识。

道统说滥觞于孟子。在《孟子·尽心下》里，孟子仿效孔子"祖述尧舜，宪章文武"的做法，梳理了之前知道的先贤，包括尧、舜、禹、皋陶、汤、文王、伊尹、莱朱、孔子等人，并认为自己是继孔子之后的知道者。中唐韩愈为了驳斥当时流行的佛、老学说，在《原道》中指出，道是由尧传授给舜，舜传授给禹，禹传授给汤，汤传授给周文王、周武王、周公，周文王、周武王、周公传授给孔子，孔子传授给孟子。孟子死后，道就失去了传承。北宋程颢提出了"天理"说，被当时的学者尊称为"明道先生"。程颐认为程颢是孟子之后接续道统的人，他在《明道先生墓表》中说："先生生乎千四百年之后，得不传之学于遗经，以兴起斯文为己任，辨异端，辟邪说，使圣人之道焕然复明于世，盖自孟子之后，一人而已。"

在继承前人观点的基础上，朱熹对道统做出了更为精细也更加严谨的阐述。他在《中庸章句序》里指出，道统之传承是从尧、舜、禹开始的，后来做君王的商汤、周文王、周武王，做臣子的皋陶、伊尹、傅说、周公、召公等，都是接续道统的人。孔子"则虽不得其位，而所以继往圣、开来学，其功反有贤于尧舜者"。孔子之后，又有颜回、曾子、子思、孟子传承道统。在其后的岁月里，"异端之说日新月盛，以至于老、佛之徒出，则弥近理而大乱真矣"。这种乱象持续到北宋。后来，"程夫子兄弟者出，得有所考，以续夫千载不传之绪"。

朱熹梳理道统的目的有二，一是确立儒家正统思想的历史谱系，二是用"道"与"理"来指导与规范当时的政治。朱熹本人也有自觉的继承道统的意识。他在《沧州精舍告先圣文》里说："熹以凡陋，少蒙义方，中靡常师，晚逢有道。"认为自己最终遇到了有道之君子。他的门人黄榦这样评价他："道之正统待人而后传，自周以来，任传道之责者不过数人，而能使斯道章章较著者，一二人而止耳。由孔子而后，曾子、子思继其微，至孟子而始著。由孟子而后，周、程、张子继其绝，至熹而始著。"（《宋史·朱熹传》）这段话指出了朱熹在儒家道统谱系上的地位。

十 王守仁

1. 王守仁其人

王守仁（1472—1529），明代哲学家、教育家。字伯安，余姚（今属浙江）人。青年时，他随父亲迁家至山阴（今浙江绍兴）。他在距离山阴不远的阳明洞结庐，世称阳明先生，后人习惯称其为王阳明。

王守仁出身于一个显赫的家庭，父亲王华中过状元，官至南京吏部尚书。王守仁志存高远，十七岁时就下定决心做圣贤。在结婚的当日，他跑进道观，和道士聊天打坐，差点忘了结婚的事情。十八岁时，他遇到了一个书生。书生建议他"格物致知"，思考"物有表里精粗，一草一木皆具至理"的学说，于是他下决心先穷竹之理。结果，他"格"了三天三夜的竹子，什么都没有发现，人却病倒了，这就是中国哲学史上著名的"守仁格竹"的故事。从此，王守仁对"格物"说产生了极大的怀疑。

二十岁时，王守仁第一次参加乡试就中了举人，然而，他后来考取进士的道路并不平坦。二十八岁时，他终于考中进士，授刑部主事，后改在兵部任职。正德元年（1506年）冬，王守仁因上疏救御史戴铣，触怒宦官刘瑾，被杖四十，贬至贵州龙场当驿站驿丞。

贵州龙场在当时属于未开化的地区，但王守仁没有气馁。他按照风俗教

王守仁像

导当地人，受到民众爱戴。在这困顿的时期，他对"理"的追求愈加用心。一个夜晚，他突然醒悟：天地圣贤之道并非存在于万物中，而是存在于人的心中。他在这一时期写了《教条示龙场诸生》，认识到"圣人之道，吾性自足，向之求理于事物者误也"，史称"龙场悟道"。

正德五年（1510年），王守仁谪戍期满，复官庐陵（今江西吉安）知县，同年被召入京。正德十一年（1516年），由于兵部尚书王琼的赏识，王守仁被擢为都察院左佥都御史。正德十二年（1517年），王守仁到达江西，履行巡抚职责，利用计谋制服了当地颇为猖獗的土匪。正德十四年（1519年）夏，宁王朱宸濠在江西发动叛乱，领十万大军，东下南京，声势浩大，震动朝野。王守仁在敌我强弱悬殊的情况下，以非凡的谋略和卓越的胆识，仅三十五天就生俘朱宸濠，将这场大叛乱彻底平定。因平定叛乱有功，王守仁升任南京兵部尚书，被封为新建伯。嘉靖六年（1527年），王守仁受命兼任都察院左都御史，总督两广兼巡抚，在平息暴动的途中染病，死于江西南安。

时人说王守仁"才兼文武"，有"奇智大勇"。的确，他不仅在中国思想史、教育史上占有重要地位，而且在政治、军事领域功绩也十分突出。在"百死千难"的政治危机中，他坚守自己的良知，表现出极大的勇气。无论是居家休养还是戎马倥偬，他都广收弟子，因材施教，宣传"心学"。他的学说影响了整个明中后期思想的发展。他是明代最具影响力的哲学家，也是明代"心学"的代表人物。

2.《传习录》

王守仁的学生徐爱自正德七年（1512年）开始，陆续记录下王守仁论学的谈话，取名《传习录》。正德十三年（1518年），另一学生薛侃将徐爱所录残稿及陆澄与他新录的部分一起出版，仍名

《传习录》

为《传习录》。嘉靖三年（1524年），南大吉增收王守仁论学书信若干篇，以原名出版。嘉靖三十三年（1554年），王守仁的学生钱德洪将陈九川等人所录的《遗言录》加以删削，与他和王畿所录编成《传习续录》出版。嘉靖三十五年（1556年），钱德洪又增收黄直所录再版。隆庆六年（1572年），谢廷杰在浙江出版《王文成公全书》，其中的《传习录》，是以薛侃所编《传习录》为上卷，以钱德洪增删南大吉所编书信部分的八篇为中卷，以《传习续录》为下卷，附加收录王守仁所编《朱子晚年定论》，这就是我们现在所看到的《传习录》的通行本。

《传习录》是王守仁的语录和论学书信集，包含了王守仁的主要哲学思想，也体现了他辩证的授课方法以及生动活泼、善于用譬、常带机锋的语言艺术，是研究王守仁思想及心学发展的重要资料。

该书上卷经王守仁本人审阅，阐述了知行合一、心即理、心外无理、心外无物、意之所在便是物、格物是诚意等观点，强调圣人之学为身心之学，要领在于体悟实行，切不可把它当作纯知识，仅讲论于口耳之间。中卷里的八篇书信出自王守仁亲笔，回答了关于知行合一、格物说的问题，谈了王学的根本内容、意义与创立王学的良苦用心；在讲解"致良知"大意的同时，解释了王学宗旨，回答了关于本体的质疑。下卷虽未经本人审阅，但的确是王守仁晚年的主要思想，主要内容是"致良知"，提出"本体功夫合一""满街都是圣人"等观点，尤其引人注目的是"四句教"，它使王学体系逐渐齐备起来。

3.《大学问》

《大学问》是王守仁的纲领性哲学著作，被其弟子视为儒家圣人之学的入门教科书。

《大学》是道学所依据的经典。王守仁对《大学》做了进一步的研究，并将其研究成果写成一部书，作为他的哲学体系在经典上的理论依据，这就是《大学问》。

《大学》提出了"三纲领"，即"明明德""亲民"与"止于至善"，其中最核心的就是"明明德"，因为"至善"是"明明德""亲民"的极致，"亲民"也是为了"明明德"。《大学问》采用问答体的形式，阐述了王守仁对《大学》"三纲领"的理解。

王守仁认为，明明德（彰显与生俱来的光明德性）是要倡立天地万物一体的本体，亲民（爱护民众）是天地万物一体原则的自然运用。所以明明德必然体现在亲民上，而亲民才能彰显明德。至善的显现，就是明德的本体，也就是我们所说的良知。至善的显现，表现为能肯定对的、否定错的，厚薄有度。

对于"格物致知"，王守仁提出："知"是人心本来就有的，而不是认识了外物才有的。不欺骗自己的良知，意念就是真实的。然而要想达到良知自然呈现的状态，就要在"格物"上下功夫。他认为，"意之本体便是知，意之所在便是物"。"格"是正的意思，即"去其心之不正，以全其本体之正"。

4. "心外无理"与"心外无物"

陆九渊提出"心即理也"，以及"宇宙即是吾心，吾心即是宇宙"的理论，但是这个理论比较粗糙。王守仁发展了陆九渊的这些思想，提出了"心外无物，心外无事，心外无理"的心学原则，比较系统又有所创新。

"心外无物"是说心与物同体，物不能离开心而存在，心也不能离开物而存在。心是天地万物的主宰，客观的事物没有被心知觉，就处于虚寂的状态。"心外无理"是说，心的本体就是天理，事虽万殊，理具于心；不必在事事物物上求理，在心外求理，心与理就会分离。

"心"即本心，是能使人"视听言动"的心，是精神，是意识，是身体的主宰。王守仁认为，心灵回到主宰的本位，本心就会按照本来的样子去显现。"理"就是道，是宇宙的最高真理。宇宙的最高真理与我们的心本来就是一样的。

王守仁认为，事物的规律离不开认识的主体"心"，不能离开认识的主体去寻求事物的规律。比如孝之理，是在父母的身上，还是在我们的心里呢？如果在父母身上，那么父母去世之后，我们的心就没有孝之理了吗？

"心外无物"就是说"意之所在便是物"。如意在于事亲事君，"事亲事君"便是一物；意在于看花，"看花"便是一物。"物"不一定是客观的、外在的、现成的，王守仁所强调的是意向行为本身。这样，"有是意即有是物，无是意即无是物"，所以说"心外无物"。

王守仁曾与朋友在山中游玩。朋友指着山中的花问道："花树在深山中自开自落，与我们的心何干呢？"王守仁答道："你未看到此花时，此花与你的心同归于寂；你看到此花时，花的颜色就明白起来。由此可知，花的颜色不在你的心外。"山中之花即使无人观赏，也会自开自落，其开落不以人之意为转移。只是未看花时，意未在，花是"寂"的存在的状态；来看花时，意在于花，花就明白起来。意在于花，即"看花"为一物。未看花时，于花，"看花"之物就不在；来看花时，意在花上，"看花"之物才能成立。所以说，这一物（看花）不在心外，即不能脱离主体的参与。

其实这段话说的也是事物不同的存在状态。一个新景点、一位新朋友，在进入我们的意识之前，肯定也是存在的，但是对我们来说，它或他的状态就是"寂"的。一旦我们知道了这个景点，认识了这位朋友，它或他在我们的心中才明白起来。

"天没有我的灵明，谁去仰他高？地没有我的灵明，谁去俯他深？鬼神没有我的灵明，谁去辩他吉凶灾祥？天地鬼神万物离却我的灵明，便没有天地鬼神万物了……今看死的人，他这些精灵游散了，他的天地万物尚在何处？"（《传习录》）在这段话中，王守仁讨论和关注的是与主体活动相关的意义世界。这里王守仁不是说没有人的意识，天地万物便不复存在，而只是问"死的人"（无意识的人）的"天地万物尚在何处"。"他的天地万物"就是在他的经验范围内形成的"生活世界"，这个世界离开了"他"的意识，就不成其为"他"的世界了。

王守仁的这些言论，其实都是为了论证"心即理""格物不可离心"这一心学的基本立场，这是他整个心学的逻辑出发点。

5."致良知"与"知行合一"

王守仁的"致良知"学说是自孟子以来性善论发展的成熟形态。在《大学问》一书中，王守仁对"良知"和"致良知"做了详尽的分析与解释："良知者，孟子所谓'是非之心，人皆有之'者也。是非之心，不待虑而知，不待学而能，是故谓之良知。是乃天命之性，吾心之本体，自然灵昭明觉者也。……然欲致其良知，亦岂影响恍惚而悬空无实之谓乎？是必实有其事矣。故致知必在于格物。"

良知是是非之心，是理性之本；良知是人的自我建立的过程，也是存在之本；良知是知善恶的，所以还是道德之本。王守仁所提的良知至少有三层含义：理性标准、存在自身和道德主体。一件事情，我们从良知出发，才能判断它到底是正确的还是错误的，是善良的还是邪恶的。人作为良知的主体，只有不断地反思和学习，才能建立起个体的自觉，才能把善、仁这些良知充分彰显。一个人要想在社会上表达自己的存在，就要建立良好的道德品质，让自己的所作所为符合良知、合乎天道。

所以说，良知是一个人内心的光明和良善，是心的本质；良知人人具有，个个自足；良知就是天理，一切事物及其规律都包括在良知里。"格物"不是考察客观的事物，而是改正自己不恰当的观念。通过"格物"到达本心的良知，就是"致良知"，也就是"格物致知"。

王守仁认为，格物便是"正心"。心是本体，纯善无恶；意念、意识是现象，有善有恶。"凡应物起念处，皆谓之意。意则有是有非，能知得意之是与非者，则谓之良知。"（《答魏师说书》）"如今要正心，本体上如何用得功？必就心之发动处才可著力也。心之发动不能无不善，故须就此处著力，便是在诚意。"（《传习录》）所以，发自心的一切活动，都是"意"。"物"是"意"的对象，反映来自心的活动的影响。所以，修养身心需要从"格物"上下手，以良知为标准来检点体现于"物"或"事"中的人心。所以，"正心"不只是"格物"的目的所在，也是"格物"的方法和实质所在。

"致良知"就要"向里寻求""从自己心上体认"（《传习录》）。依据王守仁的理解，就本性而言，人人都是圣人。但实际上大多数人成不了圣人，这是因为他们受到私欲的蒙蔽。一个人要想成为圣人，就要遵从良知的指引去实践，即"致良知"。"致良知"的途径就是反思。做一件好事，不是为了受到夸赞，而是出于本心，这就是良知的真实体现。这时真实的自我会毫无遮掩地展现出来，充分体现自我的主体性。在日常生活中，我们会受世俗的诱惑，被好吃的、好喝的、好看的所迷惑，可能会在追逐中堕落，所以需要时常反思，把良知找回来，让生命回归本真的状态。

"致"本身是兼知兼行的过程，也就是知行合一的过程。"致良知"，就是在实际行动中实现良知。

王守仁反对程朱学派的知先行后论，强调知与行不可分离。"知是行的主意，行是知的功夫；知是行之始，行是知之成。若会得时，只说一个知，已自有行在；只说一个行，已自有知在。"（《传习录》）知是行的主导，行是知的体现；知是行的开端，行是知的完成。知中含行，行中含知，二者互相交融，不可分离。比如学孝必须侍奉父母，学射必须拉弓放箭，学写字必须动手去写，离开这些活动就不能称之为学孝、学射、学写字。知与行是一件事的两个方面，它们相互交融，形成一个过程，觉悟理解的方面为知，切实用力的方面叫行，即"知之真切笃实处即是行，行之明觉精察处即是知，知行工夫本不可离"（《传习录》）。

王守仁的"知行合一"论与"心即理""心外无物"的观点是一个体系。他说："外心以求理，此知行之所以二也；求理于吾心，此圣门知行合一之教。"（《传习录》）"知行合一"就是"求理于吾心"，就是"致良知"，"良知"是知，"致"的过程和功夫就是行。

6. "四句理"与"四句教"

"身之主宰便是心,心之所发便是意,意之本体便是知,意之所在便是物。"(《传习录》)这四句话被有些学者称为"四句理"(陈来《理解与诠释》),以区分王守仁晚年提出的"无善无恶心之体,有善有恶意之动,知善知恶是良知,为善去恶是格物"的"四句教"。

"四句理"把心、意、知、物作为一个纵向联结的结构加以界说。心—意—知—物的次序来自《大学》提出的"正心""诚意""致知""格物"。"四句理"把《大学》中作为功夫条目的正心、诚意、致知、格物还原到心、意、知、物的基本概念层次上。"四句教"也是以《大学》的心、意、知、物的结构为基础,兼论功夫。所以"四句理"其实是"四句教"的基础。

"四句理"的后两句代表了王守仁哲学的睿识,其中与心和物有直接关系,而且最能代表阳明思想特色的,就是"意之所在便是物"。王守仁晚年在《大学问》一书中,仍然坚持"致知必在于格物。物者,事也,凡意之所发,必有其事,意所在之事谓之物"。

作为意之所在的"物",既包括意所指向的实在之物或意识已投入其中的现实活动,也包括意识之中的对象。"意之所在便是物"正是王守仁"心外无物"思想的具体内涵。

"四句教"是王守仁思想的高度概括和总结。嘉靖六年(1527年),王守仁奉命出征广西之前,在天泉桥边与他的学生钱德洪、王畿商讨心学四诀。钱、王两人都是王守仁的嫡传弟子,但是对如何理解王守仁的这四句话,两个弟子发生了分歧。钱德洪认为"四句教"是教人的定本,其宗旨不能改变。王畿则认为这只是权宜之法,因为若心是无善无恶的心,那么意、知与物也都是无善无恶的了,所以王畿后来提出了"四无"说。

在与老师分别时,两人在天泉桥边向王守仁请教。王守仁解释,"无善无恶心之体,有善有恶意之动,知善知恶是良知,为善去恶是格物"这"四句教",对不同的人要有不同的教法。人有两种,一种是利根人，比如圣人，比如活佛；一种是钝根人，即普通人。对利根人来说，悟本体即是功夫；对钝根人来说，还是要不断修行，为善去恶。王守仁希望两个弟子不要在这个问题上争论，但是后来两个人还是各讲各的，也就造成了心学的分化。黄宗羲说钱德洪遵循王学宗旨，但是也限制了王守仁学说的发展；王学因为王畿与王艮两个人风行天下，却也渐渐失去了根本。

在王守仁的晚期思想中，人的意识结构中最重要的两部分，就是良知与意念。意念包括思维与情感，有是非，有善恶；良知则是人的更深一层的自我，又表现为判断意念善恶的能力。良知虽能判断是非善恶，但不能保证不善的意念不产生，也不能先验地保证人们只遵从良知的呼唤和指引。

为什么说"无善无恶心之体"呢？因为这是良知本体自我存在的状态，这时候还没有任何经验性的东西。因为无善无恶，所以才能区分善恶。王守仁曾经举过两个例子：眼睛本来没有颜色，所以才能分辨各种颜色；镜子里原无一物，所以才能准确地照出人和事物本来的样子。金玉好，灰尘不好，但是进了眼睛都不行，所以善恶都不能进入心的本体。

"有善有恶意之动"在说"意"的作用。王守仁认为"意为心之动"，心动了，脱离了寂的状态，就进入了经验状态。良知最终是通过经验社会来表达的，有物的牵扯，良知就动——动得正，善得以保持；动偏了，就是恶。

为什么说"知善知恶是良知"呢？因为良知是自知、自明的，所以能明他物，自然就具有对善恶的判断能力。人做什么判断、做出什么行为的时候，良知立刻就能感觉出来。

"为善去恶是格物"是说，当良知判断出一个人当前的心理和行动状态是善是恶的时候，就要明明白白听从良知的召唤，不折不扣地执行。善的就去做，恶的就放弃，不能因为善小而不为，更不能因为恶小而为之。

王守仁认为，心的本体晶莹纯洁、无善无恶，但意念一经产生，善恶也随之而来。区分善恶的能力,就是"良知"。"格物"在这里就是指"为善去恶"。所以,王守仁指出,即使是普通人,只要有一念向善,心存良知,也能成为圣贤。

7. "心物同体"与"万物一体"

"万物一体"说到底,是"心物同体"的一种扩大与延伸,而"心物同体"的哲学来源正是王守仁提出的"心外无物"。

王守仁曾经与弟子讨论过"同体""灵明"的问题。"问:'人心与物同体,如吾身原是血气流通的,所以谓之同体。若于人便异体了。禽兽草木益远矣,而何谓之同体?'先生曰:'你只在感应之几上看,岂但禽兽草木,虽天地也与我同体的,鬼神也与我同体的。'请问。先生曰:'你看这个天地中间,甚么是天地的心?'对曰:'尝闻人是天地的心。'曰:'人又甚么教做心?'对曰:'只是一个灵明。'(曰:)'可知充天塞地中间,只有这个灵明……天地鬼神万物,离却我的灵明,便没有天地鬼神万物了。我的灵明,离却天地鬼神万物,亦没有我的灵明。如此,便是一气流通的,如何与他间隔得?'"(《传习录》)

王守仁认为,之所以说"我"与"天地""鬼神"等"万物一体",就是因为人与天地万物是"一气流通"的存在。人与天地万物共有此气,共生共存,禀受天地之灵气(天理、良知),自觉地感受到天地赋予的使命。

王守仁说:"天没有我的灵明,谁去仰他高?地没有我的灵明,谁去俯他深?鬼神没有我的灵明,谁去辩他吉凶灾祥?"弟子问:"天地鬼神万物,千古见在,何没了我的灵明,便俱无了?"王守仁答曰:"今看死的人,他这些精灵游散了,他的天地万物尚在何处?"(《传习录》)

天地万物在最聪慧的人的灵明(精神)的朗照下才得以呈现。所以说,如果没有人的灵明,就无所谓天,无所谓地,无所谓鬼神,无所谓万物。人的灵明显现,天地万物的灵光才得以呈现,天地的良知由人而得到了自觉。人因此也被赋予一种使命和责任，必须不断地扩充那个"我"，从躯壳的"我"到真实的"我"，再到万物一体的"我"。这个"我"与天地万物浑然一体，从而实现生命的圆满。

王守仁回答弟子的这几段话，都在强调人的主观能动性，诉说人的体验性的活动。人是天地的心，是宇宙的精华，而心是人身体的精华，又是人体活动的主宰。如果说整个天地可以看作一个大身体，人类的精神便是这个大身体的心，所以说"心物同体""万物一体"。人心既然是灵明，又是宇宙间唯一的灵明，这个灵明也就可以看作整个宇宙之心。

王守仁的弟子朱本思问他："人有虚灵，方有良知，若草木瓦石之类，亦有良知否？"王守仁答曰："人的良知就是草木瓦石的良知。若草木瓦石无人的良知，不可以为草木瓦石矣。岂惟草木瓦石为然，天地无人的良知，亦不可为天地矣。盖天地万物与人原是一体，其发窍之最精处，是人心一点灵明，风雨露雷、日月星辰、禽兽草木、山川木石，与人原只一体。"（《传习录》）

在这里，王守仁明确提出"天地万物与人原是一体"的观点。天地万物与人的这种一体性是有机的，没有人或人的良知，就破坏了原本的有机一体性的天地万物，也就不再是原来意义上的天地万物了。这里的良知，自然指的是人类的意识与精神，物则是指世间存在的万物。良知在人那里得到自觉的表达，然后层层外推（致良知），润泽天地万物。了解万事万物，追求至善真理，对待别人和世间万物就会有包容的心态，也就有助于构建人与自然和谐、与人为善的理想社会状态。

可以说，王守仁的"万物一体"学说是天人一体的生命境界，是圆融无碍的生命哲学。

十一　顾炎武

1. 顾炎武其人

顾炎武（1613—1682），原名绛，字宁人，世称亭林先生。江苏昆山人。明末清初思想家，与黄宗羲、王夫之并称为"清初三大儒"。

顾炎武是顾同应的次子，生母是何氏，后过继给去世的堂伯顾同吉，嗣母为王氏。王氏喜读史书。顾炎武年幼时，王氏亲自教他读书，经常讲刘基、方孝孺、于谦等杰出人物的事迹，给他的成长带来很大影响。顾炎武十四岁考中秀才，并与同窗好友归庄共同加入复社。二人都唾弃流俗、特立独行，被同乡文人视为异端，遂有"归奇顾怪"之称。

顾炎武的青少年时代，明朝的统治风雨飘摇，这使他很早就关注国家命运，意欲通过对社会实际问题的研究来挽救国家危亡。顾炎武在乡试中屡屡失败，于是在二十七岁时断然放弃科举，开始阅览历代史乘、郡县志以及文集、章奏等，辑录其中有关农田、水利、矿产、交通、地理沿革的材料，撰写了《天下郡国利病书》和《肇域志》。

崇祯十七年（1644年）清军攻破北京后，福王朱由崧即位于南京，是为弘光帝。顾炎武被推荐为兵部司务。他随即去往南京赴任，并随身携带了几篇谈论复兴大计的文章——《军制论》《形势论》

顾炎武像

《田功论》《钱法论》，从军事战略、兵力来源和财政整顿等方面提出一系列建议。他还未到任，南京即被清军攻占，弘光帝被俘。清军铁骑又指向苏杭。这时，江南各地抗清义军蜂起，顾炎武和归庄、吴其沆参加了义军。各路义军合谋，拟先收复苏州，再取杭州、南京。可惜义军势弱，难敌气焰正炽的清军，在苏州城遭遇伏击而溃散。

顾炎武潜回昆山，又与杨永言、归庄等守城拒敌。数日后昆山失守，死难者多达四万。吴其沆战死，顾炎武生母何氏右臂被清兵砍断，两个弟弟被杀，顾炎武在城破前侥幸逃出。不久，常熟陷落，顾炎武的嗣母王氏绝食殉国，临终前嘱咐儿子说："你如果不辜负世代国恩，不做异国臣子，我就可以安息了。"母亲的话使顾炎武深受触动，决心抗清到底。

顺治二年（1645年），唐王朱聿键在福州称帝，年号隆武。经人推荐，顾炎武被遥授为兵部职方司主事。由于嗣母新丧，他一时难以赴任。顺治四年（1647年），南明兵科给事中陈子龙、前延安府推官顾咸正、兵部主事杨廷枢等暗中策动清苏松提督吴胜兆起兵反清，顾炎武也参与了此事。后来事情败露，清廷杀害了吴胜兆并大肆搜捕同案诸人。陈子龙被捕后投水自尽，杨廷枢及顾咸正父子先后遇害，受此案株连而死者四十余人。

顾炎武逃过此劫后，依然奔走于各股抗清力量之间，纠合各地义军伺机而动。然而南明各政权先后瓦解，他亲身参与的抗清活动也一再受挫。顾炎武并未因此颓丧，而是以填海的精卫自比，誓要"长将一寸身，衔木到终古"（《精卫》），抗清直到生命最后一刻。

从顺治十四年（1657年）起，顾炎武开始了长达二十五年的旅居生活。他的足迹遍及山东、河北、山西、陕西等地，了解各地风土人情，尤致力于边防和西北地理的研究，并纠合同道，不忘兴复。他外出游历时，都要用马和骡子载书随行。到了要塞，他就向老兵询问此地的详细情况。若当下所闻与以往了解的不一样，就在客店中查阅书籍进行核对。有时走过旷野，没什么值得留意的，他就在马背上默诵各种经典及注释，偶有忘记的，就在客店中打开书查对。

康熙七年（1668年），顾炎武因山东黄培诗案入狱，幸得友人李因笃等营救出狱。康熙十年（1671年），顾炎武游京师，住在外甥徐乾学家中。清朝重臣熊赐履邀他修《明史》，被他拒绝。康熙十七年（1678年），康熙帝开博学鸿儒科，招明朝遗民，顾炎武拒绝了叶方蔼的推荐。康熙十八年（1679年），清廷开明史馆，顾炎武断然回拒了熊赐履的推荐。康熙二十一年（1682年），顾炎武因上马时不慎失足，匆匆告别人世，享年七十岁。

顾炎武一生颠沛流离，但从未停止过学术研究。他对国家典制、郡邑掌故、天文仪象、河漕、兵、农及经史百家、音韵训诂之学，都有深入研究。他倡导复兴经学，且在经学研究中多有创获。他把考据与义理结合起来，归于通经致用，一扫心学末流空谈心性之弊，开创了清代务实的学风，被誉为清代的"开国儒宗"。他时刻铭记士人所应承担的历史使命，并用一生来践行自己的人格高标。他提出的"保天下者，匹夫之贱，与有责焉耳矣"（《日知录·正始》），被梁启超引为"天下兴亡，匹夫有责"的名言，成为激励中华民族奋进的精神力量。

2.《日知录》其书

顾炎武的主要作品有《日知录》《天下郡国利病书》《肇域志》《音学五书》《韵补正》《金石文字记》《亭林诗文集》等。其中，他最为看重的是《日知录》和《音学五书》。这里着重介绍一下《日知录》。

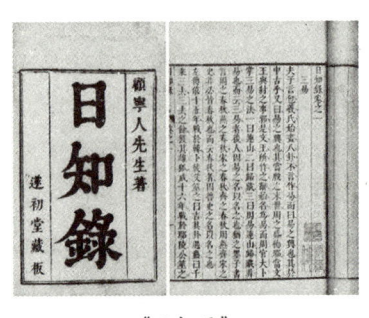

《日知录》

《日知录》三十二卷，是顾炎武积三十多年心力撰成的大型的学术札记，是他"稽古有得，随时札记，久而类次成书"（潘耒《日知录序》）。他在《与友人论门人书》中说"平生之志与业，皆在其中"，可见他对这部书的重视。

《日知录》书名取自《论语·子

张》中的"日知其所亡,月无忘其所能,可谓好学也已矣",意思是每天能学到一些自己所没有的知识,每月不忘记自己已掌握的能力,这样就可以说是好学了。

撰写《日知录》的目的,顾炎武说:"意在拨乱涤污,法古用夏,启多闻于来学,待一治于后王。"(《亭林文集》卷六《与杨雪臣书》)"有王者起,将以见诸行事,以跻斯世于治古之隆。"(《亭林文集》卷四《与人书二十五》)也就是以明道、救世为宗旨,意在经世致用,以期有益于后世。

顾炎武把该书的内容大体分为三类:上篇经术,中篇治道,下篇博闻。三类中又以治道即经世致用之道为核心。《四库全书总目提要》则将全书细分作十五类,即经义、政事、世风、礼制、科举、艺文、名义、古事真妄、史法、注书、杂事、兵及外国事、天象术数、地理、杂考证。《日知录》三十二卷本有条目千余条,长短不拘,最长者《苏淞二府田赋之重》有五千多字;最短者《召杀》仅有九字。

《日知录》具有很高的学术价值,《四库全书总目提要》说:"炎武学有本原,博赡而能通贯,每一事必详其始末,参以证佐而后笔之于书。故引据浩繁,而牴牾者少。"这是非常精到的评价。《日知录》的影响,确如潘耒在《日知录序》中所说:"先生非一世之人,此书非一世之书也。"《日知录》不仅为后世诸学术领域提供了丰富的资料和崭新的观点,而且它所采取的治学方法,对纠正明末空疏学风和开创有清一代新学风起到了关键作用。

3."经学即理学"——倡导复兴经学

阳明心学是明代学术发展的一个高峰,此后,在王学后人手中,心学空言心性的流弊越来越突出,逐渐遭到有识之士的批判。明清换代之际,天崩地裂的现实强烈地刺激了有责任感的知识分子。他们对明朝的政治、经济、思想、学术等方面进行了一系列的反思,形成了一股经世致用的务实思潮。学术界痛斥心学末流的空疏学风,主张由王学返归朱学,进而对整个宋明理学进行反思。在这一务实思潮中,顾炎武率先提倡复归经学。

顾炎武认为，心学空谈与魏晋清谈相类似，它不研究实际学问，于国于民无益。他说："刘石乱华，本于清谈之流祸，人人知之。孰知今日之清谈，有甚于前代者。昔之清谈谈老庄，今之清谈谈孔孟，未得其精而已遗其粗，未究其本而先辞其末。不习六艺之文，不考百王之典，不综当代之务，举夫子论学论政之大端，一切不问，而曰'一贯'，曰'无言'。以明心见性之空言，代修己治人之实学。股肱惰而万事荒，爪牙亡而四国乱，神州荡覆，宗社丘墟。"（《日知录》卷七《夫子之言性与天道》）顾炎武认为，刘渊、石勒所造成的五胡乱华，其根本原因在于魏晋文人的清谈。他把明末心学空谈与魏晋玄学清谈相比照，告诫人们切勿空谈误国。

在批判理学末流之空疏的基础上，顾炎武提出"古之所谓理学，经学也""今之所谓理学，禅学也"（《亭林文集》卷三《与施愚山书》）的观点。在他看来，从严格意义上来说，古代只有经学，没有所谓的理学；宋代以后出现了理学，然而这种理学并没有理学之实，因为它受道教、佛教思想的影响，已经成为禅宗化的空虚之学。古代的经学其实是真正意义上的理学，而现在流行的所谓理学徒有其名，由于掺杂了太多玄虚的东西，实际上是禅学。

顾炎武提出"经学即理学"的主张，意在剥离宋明理学中的禅学，复兴古代的经学。他认为经学才是儒家的本源，学者要以研究古经为根柢，不必到宋明理学家的语录中讨生活。这一主张在清代学术史上具有重要意义，梁启超指出："'经学即理学'一语，则炎武所创学派之新旗帜也。"（《清代学术概论》）

4. "明道"与"救世"——通经致用的学术宗旨

顾炎武说："孔子之删述六经，即伊尹、太公救民于水火之心。"（《亭林文集》卷四《与人书三》）这是说，孔子整理、删定儒家经典这些致用之书，显示了他救民于水火之心。他认为，儒学从根本上说是经世致用的，学者研究学问也应以通经致用为宗旨："君子之为学,以明道也,以救世也。徒以诗文而已,所谓雕虫篆刻,亦何益哉?"(《亭林文集》卷四《与人书二十五》)研究学问是为了明道、救世,如果只作诗文自娱,即使作得精美,也只是雕虫小技,于世无益。

顾炎武主张学有用之学,批评宋明理学的空疏,认为宋儒只重义理而忽视训诂,不讲求实际的学问而转求内在的心性,从而导致学风虚妄,这显然违背了儒家的治学宗旨。他指出做学问要孜孜不倦、毫不懈怠,同时要多出门看看,多与人交流。他认为,"独学无友,则孤陋而难成。久处一方,则习染而不自觉"(《亭林文集》卷四《与人书一》)。既不与人交流,也不出门长见识,只是闷在家里苦学,这样不可能经世济民。他反对利禄之学,认为科举取士使得天下文人皆诵章句,使经学沦为谋取功名的工具。他认为,文人的学术研究应以天下国家为念,承担起历史重任。

顾炎武治经,采取"信古而阙疑"的原则,认为"五经得于秦火之余,其中固不能无错误。学者不幸而生乎二千余载之后,信古而阙疑,乃其分也"(《日知录》)。因此,他对于诸经传注、历代经说,无不详加校理考订。例如对于《尚书》,他认同孟子"尽信书,则不如无书"的观点,主张根据史实进行认真的考察,不可轻信,不能盲从。他对《尚书》所作的考证和辨伪,对于揭开《伪古文尚书》的作伪之迷,启示乾嘉学者的考据辨伪学风,具有重要意义。除了《尚书》,他对《易》《诗》《礼》《春秋》诸经也都有考辨校订。

在对经义的阐发中,他提出了治学、修养、哲学、政治等方面的一系列主张,详见下文。

5. "博学于文""行己有耻"的立身处世原则

"博学于文"和"行己有耻",分别出自《论语》中的《颜渊》和《子路》,顾炎武将二者结合起来,作为立身处世的最高标准。他说:"愚所谓圣人之道者如之何?曰'博学于文',曰'行己有耻'。自一身以至于天下国家,皆学之事也;自子臣弟友以至出入往来、辞受取与之间,皆有耻之事也。耻之于人大矣!不耻恶衣恶食,而耻匹夫匹妇之不被其泽。"(《亭林文集》卷三《与友人论学书》)

"行己有耻",即用廉耻之心来约束自己的言行。顾炎武把怎样做儿子、臣子、兄弟、朋友,怎样处理拒绝与接受、取得与付出等事情,都看成是"行己有耻"所涉及的范围。从消极方面讲,"行己有耻"是对不合理的事有所不为,如耻于作八股、耻于空谈性理;从积极方面说,是以天下大事为己任,对国家、民族有所担当。顾炎武提倡"行己有耻",一方面与倡导日常生活中的道德感有关;另一方面,在明清鼎革之际,一些文人士大夫丧失了民族气节,顾炎武提出要有耻辱感,其实是对民族气节的提倡。

"博学于文"的"文",是指经世致用的有益的学问。顾炎武说:"文之不可绝于天地间者,曰明道也,纪政事也,察民隐也,乐道人之善也。若此者,有益于天下,有益于将来,多一篇,多一篇之益矣。若夫怪力乱神之事,无稽之言,剿袭之说,谀佞之文,若此者,有损于己,无益于人,多一篇,多一篇之损矣。"(《日知录》)他认为,"文"应该用于表述理想、反映现实、了解民情、教育民众,总之,要有益于天下。"文"是和天下国家之事相联系的,因而也就不仅仅限于书本知识,还包括广闻博见和考察审问得来的社会实际知识。关心天下之大事,注重经世致用之实学,这就是顾炎武"博学于文"的为学宗旨。

顾炎武强调做学问和做人的关系,认为"博学于文"与"行己有耻"是紧密结合的。他说:"士而不先言耻,则为无本之人;非好古而多闻,则为空虚之学。以无本之人,而讲空虚之学,吾见其日从事于圣人,而去之弥远也。"(《亭林文集》卷三《与友人论学书》)这是说,士人如果不把"有耻"放在首位,他就是没有根基的人;如果没有深厚博通的古今知识,他的学问就是空虚无用的。没有根基的人来讲空虚的学问,就离圣人越来越远了。顾炎武认为只有懂得廉耻而注重实学的人,才真正符合"圣人之道"。就是说,既要尽力掌握学问以服务于天下国家,又要加强修养,提高情操志节,这才是立身处世的原则。

6. 进步的社会政治主张

顾炎武在《日知录》中提出了一系列进步的社会政治主张。他说："有亡国，有亡天下。亡国与亡天下奚辨？曰：易姓改号，谓之亡国；仁义充塞，而至于率兽食人，人将相食，谓之亡天下。……是故知保天下然后知保其国。保国者，其君其臣，肉食者谋之；保天下者，匹夫之贱，与有责焉耳矣。"（《日知录》）他认为，亡国是指政权的灭亡，亡天下是指整个社会的道德人伦丧失。亡国只是一家一姓失去政权，亡天下则是整个社会的崩溃。保国是保卫政权，这是君臣的事；而保天下是防止人伦丧失，对此天下百姓人人有责。在重要程度和先后顺序上，应以"保天下"为重、为先。

顾炎武认为社会风俗的好坏，与统治者的提倡以及士人的影响有关。他还认为风俗是可以改变的。改变风俗的措施，首先是重视教育。他说："目击世趋，方知治乱之关，必在人心风俗。而所以转移人心、整顿风俗，则教化纪纲为不可阙矣。"（《亭林文集》卷四《与人书九》）社会风俗的好坏决定社会的兴衰，而教育可以潜移默化地使社会风俗得到改变，所以要移风易俗，最根本的是要进行教育。其次，他强调清议的作用。他说："天下风俗最坏之地，清议尚存，犹足以维持一二。至于清议亡，而干戈至矣。"（《日知录》）清议是指对有关国计民生的大事的议论。顾炎武提醒统治者，要给民众批评朝政、讲真话的空间。他认为若是清议还在，风俗就有向好的可能，社会还不至于崩溃。

顾炎武还指出，实行教化要有物质基础。民众生活安好，教化方可生效。他进一步提出富民思想，认为家富即国富，所以要藏富于民。"民得其利，则财源通而有益于官；官专其利，则利源塞而必损于民。"（《日知录》）人民富有了，国家也就安泰强盛；如果国家无休止地抢占利益，财源就会阻塞，这样不仅会损害人民的利益，而且最终会导致国运衰败。

国家的管理应该是"独治"还是"众治"？顾炎武认为国家的权力是属于人民的，"人君之于天下，不能以独治也"（《日知录》）。他认为应该"以天下之权寄之天下之人"（《日知录》）。天子是权力的代表，但不是权力的所有者；权力的主体是人民，所以天子应该用手中的权力为天下百姓谋福利。"众治"的主张无疑具有早期民主启蒙色彩。

顾炎武认为历史是不断发展演化的，社会制度也应该随着时势的发展而改变。"法不变不可以救今已。居不得不变之势，而犹讳其变之实，而姑守其不变之名，必至于大弊。"（《亭林文集》卷六《军制论》）所谓"讳其变之实，而姑守其不变之名"，是说名存实亡的假象中包含着名实不一的矛盾，如果不顺势而为，改变已经僵死的旧制度，必然出现严重的弊病。

7. "读万卷书，行万里路"的治学方法

顾炎武一生，读万卷书，行万里路，其学术贡献，不仅在于研究内容的文化建设性，更在于其治学方法的开创性。其治学方法有以下特点：

第一，重视第一手材料。他把《日知录》的材料收集，比作深山采铜。他说当代人写书，就像当代人铸钱。古人从山中采铜来铸钱，今人则买旧钱作废铜来铸钱。这样铸出的钱，既粗恶，又毁坏了古人的传世之宝，两边都没好处。后人常用顾炎武"采铜于山"的比喻，说明学术研究要重视第一手材料。

第二，重视实地调查。为了弄清事物的真实面目，顾炎武不仅从书本中搜集材料，而且注重实地调查。潘耒说他"足迹半天下，所至交其贤豪长者，考其山川风俗，疾苦利病，如指诸掌"（《日知录序》）。每到一地，他都虚心向人请教，并以调查访问的结果来验证书上的记载。

第三，广求证据，严密论证。潘耒说他"有一疑义，反复参考，必归于至当。有一独见，援古证今，必畅其说而后止"（《日知录

序》)。他在掌握丰富资料的基础上，对疑难问题反复研究，以寻求正确的解决方法。他发表论点，力求具有坚实的历史依据和令人信服的论证。

第四，重视辨别源流。潘耒说他"凡经义史学、官方吏治、财赋典礼、舆地艺文之属，一一疏通其源流，考正其谬误"(《日知录序》)。他倡导明辨事物的历史流变，认清事物在各个发展阶段的不同特点，从而发现历史发展的趋势和规律。

十二 黄宗羲

1. 黄宗羲其人

黄宗羲（1610—1695），字太冲，号南雷，学者称其为梨洲先生。浙江余姚人。明末清初思想家、史学家。

黄宗羲的父亲黄尊素，是著名的东林党人，官至山东道监察御史。天启年间，宦官魏忠贤擅权，致使朝政黑暗，民不聊生。东林党人愤起弹劾魏忠贤及其党羽，遭到魏党的残酷报复，先后有"前六君子""后七君子"被诬陷杀害。黄尊素即"后七君子"之一。父亲含冤惨死，给十七岁的黄宗羲留下了巨大的精神创伤。两年后，新登基的崇祯皇帝清除魏党，为被害的东林党人平反。黄宗羲得到消息后，立即进京申冤。在公堂上，他看见害死父亲的仇人，便扑上去用事先藏在袖中的铁锥将其打得遍体流血。这一惊人之举，显示了青年黄宗羲刚烈勇猛的性格。崇祯皇帝听说此事，感叹黄宗羲乃"忠臣孤子"。

黄尊素在被捕入京途中，曾命黄宗羲跟从著名理学家刘宗周学习。他从学于刘宗周后，开始留意宋明理学的发展演化。他用两年时间读完了二十四史，这为他研究历史打下了基础，也培养了他独立思考的能力。

崇祯四年（1631年），复社领袖张溥在南京召集大会，黄宗羲经友人介绍参加了复社，成为社中的活跃分子。崇祯八年（1635年），魏党余孽阮大铖避居南京。

黄宗羲像

复社文人憎恶其为人，作《留都防乱公揭》以驱逐之，黄宗羲领头签名，因此与阮大铖结下仇怨。

崇祯十七年（1644年），李自成攻破北京，明朝覆亡。五月，福王朱由崧在南京即位，南明弘光政权建立。阮大铖为兵部右侍郎，不久升为兵部尚书。他掌握大权后，据《留都防乱公揭》的署名捕杀东林、复社诸人，黄宗羲在追捕之列。翌年五月，清军攻下南京，弘光政权崩溃，黄宗羲乘乱脱身，返回余姚。

弘光帝被俘后，鲁王朱以海在绍兴监国。黄宗羲变卖家产，集结家乡数百人，组织"世忠营"响应。顺治三年（1646年）二月，他被鲁王任命为兵部职方司主事，不久兼任监察御史。五月，黄宗羲指挥"火攻营"准备攻取海宁，但受到清军的阻挡。六月，鲁王全线兵败，从海道逃到福建。黄宗羲收残卒五百人，退守四明山。不久山寨被焚，清廷又下了缉捕令，他只得避居化安山。顺治六年（1649年），黄宗羲朝见鲁王，被升为左副都御史，不久，他就请求回家奉母。顺治七年（1650年），黄宗羲到常熟访问钱谦益，读书于钱氏的绛云楼。据说，他曾与钱氏商议游说金华总兵马逢知，想让他做海上复明军的内援。总之，明亡后，黄宗羲是以鲁王势力的消长为进退的。凭借多年参加前线战斗的经历以及对复明各方势力的观察，他未必不知道复明的希望渺茫。但是，他觉得，为了延续明朝国脉，即使做徒然的抗争也是值得的。

康熙六年（1667年）之后，黄宗羲奉母返乡，开始著书讲学。不过，他的一些著作是在参加复明斗争的间歇中完成的。例如政治思想论著《明夷待访录》最早见于康熙元年（1662年），该书必是明亡后就在酝酿。康熙十五年（1676年），其代表作《明儒学案》完成。

黄宗羲在复明军中时，就开展过讲学活动。康熙六年（1667年），他恢复了证人书院的讲学。此后，他便陆续在宁波、海昌等地设馆。他讲学的宗旨，在于纠正明人游谈无根的习气，主张以六经为根柢。

清朝的统治渐渐稳定下来，黄宗羲已接受了这个现实，但他坚决拒绝朝廷的征召。康熙十七年（1678年），清廷诏征"博学鸿儒"，他的学生代他力辞。康熙十九年（1680年），康熙帝命地方官敦请黄宗羲赴京修《明史》，他则以年老多病坚辞。终其一生，黄宗羲都在竭力保持遗民的身份。康熙三十四年（1695年），黄宗羲与世长辞，享年八十六岁。

2.《明儒学案》

黄宗羲博学多才，著述宏富，内容涉及史学、经学、地理、律历、数学、文学等，举要如下：

政治、哲学著作：《明夷待访录》《明儒学案》《宋元学案》《孟子师说》《深衣考》《葬制或问》《易学象数论》《破邪论》《汰存录》《思旧录》等。

历史、地理著作：《弘光实录钞》《行朝录》《海外恸哭记》《西台恸哭记注》《冬青树引注》《历代甲子考》《四明山志》《今水经》等。

诗文集：黄宗羲生前曾将自己历年所作文章编为《南雷文案》，又删订为《南雷文定》《南雷文约》，将诗集《南雷诗历》附于《南雷文定》之后。

在黄宗羲浩繁的著作中，最为重要的是《明夷待访录》和《明儒学案》。下面先对《明儒学案》做简单介绍。

《明儒学案》六十二卷，成书于康熙十五年（1676年）。这是一部学术史著作，详细而系统地记述了明代儒学各流派的情况。

《明儒学案》首篇《师说》是全书的总纲；《师说》之后，分别列出了十七个学案，大致依据时间先后和学术流派传承关系排序；以特起者、后之学者、不太著名者总列为《诸儒学案》；最后是《附案》。《师说》、各学案（包括附记）、《诸儒学案》和《附案》，共列二百四十一人。

每个学案都有较为固定的结构："案序""传""语录"。"案序"概述该学派之基本情况，诸如该派的主要学术观点、主要代表人物、与其他学派的关系等;"传"就是学者传记;"语录"收录该派名言至理并附有评论。

黄宗羲出自姚江学派,即王守仁心学一派。所以此书大致以王守仁为中心,除了专列关于王守仁的《姚江学案》外,还列了属于王学的《浙中王门学案》《江右王门学案》《南中王门学案》《楚中王门学案》《北方王门学案》《粤闽王门学案》,以及属于王学而略有变化的《止修学案》《泰州学案》等,居学案总数一半以上。所以,整个《明儒学案》以王守仁心学的发展为主线,基本上是一部心学史。

黄宗羲完成《明儒学案》后,又写《宋元学案》,但没有完成。他的儿子和学生按照他留下来的一些手稿和资料做了一些编排,直到近百年后,全祖望才完成了《宋元学案》的编著工作。

《明儒学案》是中国第一部系统的学术史著作,它采用"学案"体,以学派分类的方式介绍某一时代的学术史。这种体裁被清代学者采用,成为编写学术史的主要方式。《明儒学案》取材丰富,编纂有法,分类有序,论证切要,对后世学术影响深远。梁启超在《清代学术概论》中说清代"史学之祖当推宗羲。所著《明儒学案》,中国之有学术史,自此始也"。

3. 对心学的改造

黄宗羲深受王守仁心学的影响,其《明儒学案》就是以王守仁为中心人物,以心学的发展为主线的。他所说的"盈天地皆心"(《明儒学案》自序)是一个典型的心学命题。他认同王守仁"心外无理"的观点,认为"天地万物之理,不外于腔子里,故见心之广大"(《明儒学案》卷三十七)。但是黄宗羲在继承心学的同时,也对心学的一些观点进行了修正。

以往讲心学的人都认为,心有个本体。王守仁认为心之本体就是良知,而良知是永恒不变的。黄宗羲则明确地说:"心无本体,工夫所至,即其本体。"(《明儒学案》自序)黄宗羲断然否认了心有本体的观点,认为通过修养所达到的状态就是心的本体。在此,他强调了

"工夫"的作用。

王守仁强调心的永恒不变与独一无二，黄宗羲却认为心"变化不测，不能不万殊"（《明儒学案》自序）。心变化万殊，所以，人的思想也是变化万殊的。不同的人，其思想是不同的；同一个人，其思想也是不断变化的。世间并没有一个永恒的本体可以作为准则，用固定不变的准则要求人们走同样的道路是行不通的。

正因如此，学术研究的途径"亦不得不殊"（《明儒学案》自序）。如果学问"必欲出于一途"，一定要走别人的路，这是没有好处的。黄宗羲说："夫先儒之语录，人人不同，只是印我之心体变动不居。若执定成局，终是受用不得。"（《明儒学案》自序）就是说，先儒的语录呈现出不同的面貌，仅此一点就印证了心的变动不止。做学术只有自辟途径，才能真正受用无穷。这里，黄宗羲强调了学术独立和学术自由，有一定的启蒙意义。

4.《明夷待访录》

明朝的灭亡，汉民族主权的丧失，给黄宗羲以莫大的刺激。他痛定思痛，展开了对政治制度的研究。康熙初年，他完成了《明夷待访录》这样一部具有时代意义的巨著。

"明夷"本是《周易》中的一卦，"明"即太阳，"夷"是损伤之意。"明夷"是光明受到伤害的意思，也可以指有智慧的人处在患难中。"待访"是等待贤者来访，以使书中所论带给后世一定的参考借鉴。这里暗含了作者的亡国之痛，表达了他对清朝统治者的愤恨之情，也包含了对"太阳"再度升起的殷切期盼。

作为一部政治论著，《明夷待访录》放弃了正统的君权概念，从本体上探讨了政治学说中一些最根本的问题。书中对于国家的起源、君主权力的性质、君臣关系、君民关系、法律的实质等问题都有崭新的见解，全面阐明了黄宗羲的政治理想。

《明夷待访录》从"民本"的立场抨击了封建君主专制制度，揭露了君主的丑恶本质，并提出了"以天下为主，君为客"等一系列新观念，勾画出未来社会政治的蓝图，具有鲜明的民主色彩和启蒙性质。它也因之遭到清朝统治者的查禁，直到清末戊戌变法时期，谭嗣同、梁启超等人极力推崇并印刷发行，才使它真正焕发异彩。以下几部分，对《明夷待访录》的主要观点做简单介绍。

5. 肯定"人性之私"

《原君》是《明夷待访录》的首篇，黄宗羲在该篇的开头，即对"人性之私"加以肯定。他说"有生之初，人各自私也，人各自利也"，肯定每个人都具有"各得其私""各得其利"的自然权利。就是说，每个人都可以得到自己想要的东西，可以让它只属于自己，这是每个人都应该有的、无可非议的权利。当然，要想合法使用这个权利，必须具备一个前提，那就是"勤劳"。只要某个东西是在合法的情况下靠自己的辛劳获取，它就是你的私有财产，你就有维护它的权利。

黄宗羲肯定"人性之私"的观点，继承了晚明以来标榜"人必有私"的个性解放思想，是对理学家"去人欲，存天理"主张的反思。他认为，人的私欲与天理不是相互对立的，而是相互统一的。他说："天理正从人欲中见，人欲恰好处，即天理也。"（《陈乾初先生墓志铭》）就是说，人欲和天理，并不是理学家所说的难以共存的关系；人的欲望得到恰当的满足，这就是天理，也是最高的社会原则。在他看来，理想的社会里，人欲和天理相互协调统一，人欲得到合理的满足，落到了"恰好处"。这个"恰好处"的基本表现，就是"己所不欲，勿施于人"。然而，现实社会的情形却并非如此。由此出发，黄宗羲发出了对封建专制制度的批判。

6. 论君民关系

《原君》一文在肯定"人性之私"的基础上，论述了人类设立君主的目的以及君主的职责。黄宗羲认为，上古时代，君主的产生，是因为有人"不以一己之利为利，而使天下受其利；不以一己之害为害，而使天下释其害"。这样的人具备为民众兴"公利"、除"公害"的能力，因而被拥戴为君主。因此，君主只是天下民众的公仆而已："古者以天下为主，君为客，凡君之所毕世而经营者，为天下也。"民众是天下的"主"，君主是天下的"客"，君主的职分，是为天下的民众而工作。

后世则"以君为主，天下为客"，君主与天下民众的关系被颠倒了。后世君主"以为天下利害之权皆出于我，我以天下之利尽归于己，以天下之害尽归于人"，独占一切利益，把所有的害处都推给别人，并且"使天下之人不敢自私，不敢自利，以我之大私为天下之大公"。尽管君主为了迫使天下人为自己服务，也标榜"大公"，但是，所谓"大公"只是他一个人的"大私"而已。这对民众极具欺骗性，让人们不敢自私、不敢自利，从而剥夺了人们应有的权利。"大私"的君主，"视天下为莫大之产业，传之子孙，受享无穷"。君主把天下看成是他自己的产业，那么，未得到这份产业时，他"屠毒天下之肝脑，离散天下之子女，以博我一人之产业"；得到这份产业后，他"敲剥天下之骨髓，离散天下之子女，以奉我一人之淫乐"。（以上引文均见《明夷待访录·原君》）君主极尽荒淫无耻之能事，民众被敲骨吸髓，悲惨之至。这样的"家天下"的君主，实际上是"天下大害"。

黄宗羲的"君害"论以及限制君权的"天下为主，君为客"的主张，是对封建君主专制政体进行反思而得出的结论。它振聋发聩，显示了初步的民主要求，对中国社会的近代化进程具有重要意义。

7. 论君臣关系

黄宗羲认为，要限制君权，首先要辨明君臣关系。为此，他在《原臣》一文中提出了"臣之与君，名异而实同"的观点。就是说，虽然从名称上看，君和臣是不同的，权力、地位也都不同，但从根本上讲，他们是共同管理政务、治理天下的人。因此，君与臣虽有主次之分，但两者的关系是平等合作的关系，君主不应该高高在上、唯我独尊，而应该作为治理天下的领头人，与大臣同心协力，为天下兴利除弊。

黄宗羲认为，为臣者应该明白自己是君之师友，而不是君之仆妾："我之出而仕也，为天下，非为君也；为万民，非为一姓也。"臣是为天下大众服务，而不是为君王一家一姓效力。如果臣自认为是为君所设，仅仅"以君之一身一姓起见""视天下人民为人君橐中之私物"，恪尽职责只是为君主当好仆妾，而置民众死活于不顾，那么，这样的臣即使"能辅君而兴，从君而亡"，也是不符合为臣之道的。

黄宗羲指出："天下之治乱，不在一姓之兴亡，而在万民之忧乐。"在他看来，民众安乐就是"治"，民众忧苦就是"乱"。朝代的兴亡不是治乱的关键，民众的安乐才是为臣者要追求的"天下之治"。黄宗羲站在以民为本的立场，从民众的福祉这样一个角度来解释治乱的意义，认为一个朝代的"兴"未必就是"治"，一个朝代的"亡"未必就是"乱"。"桀、纣之亡，乃所以为治也；秦政、蒙古之兴，乃所以为乱也。"（以上引文均见《明夷待访录·原臣》）残暴君主的灭亡是"治"的发端，残暴君主的兴起是"乱"的缘由。所以，一姓之兴亡并不是重要的事，百姓的幸福生活才是为臣者所应看重的。

黄宗羲的君臣观，有力地冲击了"君为臣纲"的正统思想，焕发出近代民主政治的光彩。

8. 恢复"天下之法"

黄宗羲主张改革法制，制定合理的法律来限制君权。在《原法》一文中，他指出，历史上的法律有两种：一种是秦以前的法律，它不是"为一己而立"的，因此是"天下之法""无法之法"。另一种是秦以后的法律，它是维护君主一家一姓的私利的，是"一家之法""非法之法"。"一家之法"没有丝毫为天下着想的心思，于是使"天下之乱即生于法之中"。这实际上是说，"三代以上有法，三代以下无法"。

那么，合理的情形是怎样的呢？黄宗羲强调了法制改革的必要性。他认为，对于只保护君主权益的"一家之法"，需要"一一通变",而非"小小更革"。这也就是要彻底废除秦以后的专制主义的"一家之法",而恢复三代以上的"天下之法"。只有这样,才能产生真正合理的"为治大法"。

黄宗羲还提出"有治法而后有治人"的观点。他认为,必须制定正当合理的法制,才能出现"能治之人";"能治之人"依法办事,才能做出成绩。如果法制不合理,即使有"能治之人",也会因为受到不合理的法制的束缚,而不可能有所作为。(以上引文均见《明夷待访录·原法》)

黄宗羲以"天下之法"来反对"一家之法",以"为治大法"来规范君主的行为,这就带有一定的君主立宪色彩。他的这种法治意识,为近代民主思想的产生提供了有益的资源。

9. "置相"以限制君权

在《置相》一文中,黄宗羲还提出设置宰相来限制君权的主张。他说"有明之无善治,自高皇帝罢丞相始也",认为整个明朝的政治都是黑暗腐朽的,这是因为明太祖废除了宰相。

文中追溯了宰相一职的存废过程。三代以上,宰相与君主的关系是平等的。秦汉以后,虽然相卑君尊,但两者还大致保持着主客关系,宰相尚能制衡君主。明朝废除了宰相,就无人能够与君主抗衡了。君主高高在上,奴视臣下,以致独断专行、为所欲为。

按照宗法传统,天子之位传予其子。然而"天子之子不皆贤",这怎么办呢?明朝以前,还可以依赖宰相,因为宰相传贤而不传子,足以补救天子之不贤。明朝皇帝则实行极端的专制统治,废除了宰相,这样一来,"天子之子一不贤,更无与为贤者矣"。(以上引文均见《明夷待访录·置相》)这势必给天下带来无穷的灾难。

明朝废除宰相后设立的内阁大学士,其职责只是以备顾问,以及根据皇帝的意旨批答章奏,没有实权,根本起不到过去宰相的作用。如果天子不能或不愿处理政事,势必依靠一群贪婪凶恶的宦官来统治,这就出现了明代为害至深的宦官专权。

黄宗羲提出了自己的政治设想：设宰相一人，参知政事（副宰相）若干人，每日与其他大臣一起，在便殿与天子共同议政。就是说，国家大政都要经过天子、宰相以及多位参知政事所组成的会议讨论才能通过，这是一种限制君权过分膨胀的有效措施。

10."学校"议政

黄宗羲提出的限制君权的又一措施，是使学校成为议政机关。他说："必使治天下之具，皆出于学校，而后设学校之意始备。"就是说，要扩大学校的职能，使治理天下的政策、措施都出自学校。学校不仅是培养人才的教育机关，而且应是议政机关，成为国家政权的一部分。这样，设立学校的意义才算完备。

他解释说："天子之所是未必是，天子之所非未必非。天子亦遂不敢自为非是，而公其非是于学校。是故养士为学校之一事，而学校不仅为养士而设也。"（以上引文均见《明夷待访录·学校》）这是说，因为天子认为对的未必对，天子认为不对的未必不对，所以国家事务不能由天子一人说了算，而应该在学校进行讨论。天子要听从学校的公议，学校是决定是非的最高机关。

黄宗羲指出，太学的祭酒，应选当世大儒充当，其地位应与宰相相当。每年的初一，天子与宰相、六卿、谏议等都得前往太学。祭酒南面讲学，天子亦就弟子之列。天子政有缺失，祭酒应直言不讳。郡县的学官，也应由名儒担任。每月的初一、十五，学官讲学，集合当地的缙绅、士子；郡县长官亦须前往听讲，而且执弟子之礼。

黄宗羲关于扩大学校职能的思想，对君主独裁发起了挑战，是中国最早的关于议会的设想。这一设想，虽然在当时不可能实现，但是难能可贵。后来康有为、梁启超等人提出的君主立宪方案，在黄宗羲这里已经有了最初的萌芽。

十三 王夫之

1. 王夫之其人

王夫之像

王夫之（1619—1692），字而农，号姜斋，衡阳（今属湖南）人。因晚年隐居衡阳的石船山，人称船山先生。

明神宗万历四十七年（1619年），王夫之出生于一个书香世家。父亲王朝聘早年考中了秀才，但乡试屡屡不中，后来绝意仕进。王朝聘学养深厚，对王夫之影响很大。王夫之四岁入私塾，跟随长兄王介之读书。八岁由父亲教授经学，为他日后成为经学大师扎下了根柢。王夫之十四岁考中秀才，后被选拔到衡阳县学深造。在县学读书期间，他读遍了县学的藏书。十六岁时，他跟随叔父王廷聘学诗和音韵学，两年内读古今诗十万首。王夫之少年时代就博通典籍、精研诗艺，并关心时事，这为他后来从事政治、学术及文学活动奠定了基础。

王夫之曾三次赴武昌参加乡试，都未考中。崇祯十五年（1642年），他终于和长兄一起考中了举人，却未能踏上仕途。崇祯十六年（1643年），张献忠率军攻克衡州，招王夫之及其长兄前往。两人连夜逃往山中躲藏。崇祯十七年（1644年）三月，李自成攻克北京，明朝覆灭。五月，清兵攻陷北京，建立清朝。王夫之听到消息后悲愤万分，作《悲愤诗》一百韵。

清顺治三年（1646年），清兵南下，进逼两湖。王夫之只身赴湘阴，上书湖北巡抚章旷，提出抗击清军的建议，但未被采纳。顺治五年（1648年），王夫之在衡阳组织武装抗清失败后，来到肇庆投奔永历政权。有人推荐他为翰林院庶吉士，但他看到永历政权内部争权夺利、苟且偷生，大为失望，加上正为父亲守丧，于是竭力辞谢。他了解到防守桂林的瞿式耜力主抗清，便来到桂林。在桂林，他与爱国学者、科学家方以智成为挚友。方以智倡导实证科学，对丰富王夫之的哲学思想起到了积极作用。

顺治七年（1650年），经瞿式耜推荐，王夫之赴梧州，任行人司行人。在永历政权内部的权力争斗中，王夫之被权奸构陷，幸亏有人营救，方免于难。王夫之离开梧州，再到桂林投奔瞿式耜。很快清军攻破桂林，瞿式耜殉难，方以智削发为僧。王夫之感到永历政权难以有所作为，于是从广西返回衡阳。

王夫之回到家乡后，开始了旨在复兴国家民族的学术研究。为了躲避清政府的侦缉，他被迫离家，四处隐藏，过着颠沛流离的生活。但他仍以顽强的意志，坚持学术研究和文学创作，先后完成《周易外传》《黄书》《尚书引义》《读四书大全说》等著作。

清朝统治者为加强思想统治，以残酷的手段打击有反清意识的知识分子。康熙七年（1668年），好友方以智来信劝他往江西"逃禅"（为避祸而逃入禅门），被他谢绝。第二年，他迁入新筑的草屋"观生居"，自题堂联"六经责我开生面，七尺从天乞活埋"，表明致力学术研究、誓死不仕清的决心。后又迁居石船山下茅舍，题名"湘西草堂"。

康熙十七年（1678年），吴三桂准备在衡阳称帝，请王夫之代写劝进表。王夫之断然拒绝，逃入深山，作《祓禊赋》，表示了对吴三桂的蔑视。此后，《张子正蒙注》《噩梦》《诗广传》《俟解》《周易内传》等著作相继写成。康熙二十八年（1689年），偏沅巡抚郑端听说王夫之年老多病、生活困难，就嘱托衡州知府崔鸣鷟携钱米来看望。王夫之托病不见，让家人只收下米，而将钱悉数归还。康熙三十年（1691年），王夫之虽久病虚弱，但仍奋力著述，《读通鉴论》《宋论》在这时定稿。康熙三十一年（1692年），王夫之病逝于湘西草堂，时年七十四岁。

王夫之在去世前为自己的墓碑题词"有明遗臣行人王夫之字而农葬于此"，并自题铭文曰："抱刘越石（刘琨）之孤愤而命无从致，希张横渠（张载）之正学而力不能企。"以此作为对自己一生志节行事、思想学术的总结。他在志节和学术上的楷模分别是西晋刘琨和北宋张载。他认为自己未能达到刘、张两人的高度，但事实上，他不仅有像刘琨一样的志节，而且在学术上的许多观点都达到了前人所未达到的高峰。

2.《船山遗书》

王夫之著述很多，内容涉及哲学、政治、法律、军事、历史、文学、教育、伦理、文字、天文、历算等方面，尤以哲学研究成就卓著。道光二十二年（1842年），王世全刻王夫之遗著十八种，名《船山遗书》。同治初年，曾国藩、曾国荃兄弟重新汇刊《船山遗书》，合经、史、子、集四部，共五十八种，另附《校勘记》，是为金陵刻本；光绪十三年（1887年）又在湖南船山书院补刻六种，统称曾刻本。1930年，上海太平洋书店依曾刻本体例，重新用铅字排印《船山遗书》，补入新发现手稿六种，共辑王夫之著述七十种，为搜集最全之印本，是为太平洋排印本。1982年，湖南岳麓书社在旧出《船山遗书》基础上，重新精校编印《船山全书》，1996年十六册全部出齐。

王夫之的著作中，比较重要的是《周易外传》《尚书引义》《读四书大全说》《张子正蒙注》《思问录》《诗广传》《黄书》《噩梦》《俟解》《读通鉴论》《宋论》等。

王夫之站在时代的高度，自觉担负起总结中国文化和古典哲学的任务。他对儒家的主要经典做了全新的注解，对过去的哲学思想都有所探讨和批判，形成了完整而细密的哲学体系。经过他的解释，六经呈现出新的面貌，他的许多哲学思想也达到了中国古代哲学的高峰。

3. "天人之蕴，一气而已"——气是世界的本原

王夫之认为，客观世界具有实在性。他提出"诚"的观念来表示这种实在性："夫诚者，实有者也，前有所始，后有所终也。实有者，天下之公有也，有目所共见，有耳所共闻也。"(《尚书引义》卷三《说命上》)他把"诚"解释为"实有"，以"实有"来概括客观世界的最一般的属性，认为客观世界中的事物都有始有终，都能被人感觉得到。他还说："诚也者，实也；实有之，固有之也……犹夫水之固润固下，火之固炎固上也，无所待而然，无不然者以相杂，尽其所可致，而莫之能御也。"(《尚书引义》卷四《洪范三》)客观世界中的事物是不以人的意志为转移的。王夫之以"诚"来表明客观世界的真实性，体现了他的唯物思想。

从唯物思想出发，王夫之提出了一系列观点。他继承北宋张载的气本论，认为世界的本原是"气"。他说："绲缊之中，阴阳具足，而变易以出，万物并育于其中，不相肖而各成形色，随感而出，无能越此二端。"(《张子正蒙注》卷一《太和》)阴阳二气合而未分就是"绲缊"。在这种状态下，阴阳二气交感，使得万物化育于其中。王夫之在这里肯定了气是世界的本原，除了气没有别的创造者。他认为，万物统一于气："阴阳二气充满太虚，此外更无他物，亦无间隙。天之象，地之形，皆其所范围也。"(《张子正蒙注》卷一《太和》)太虚之中充满了气。天地万物看似各不相同，其实都是气的表现形式。所以他说："天人之蕴，一气而已。"(《读四书大全说》卷十《孟子告子上》)这是说，自然界和人类社会的实际内容只是气而已，气是世界的本原，它具有客观实在性。

既然世界的本原是气，那么，理和气的关系是怎样的呢？王夫之认为，理和气之间相互联系，但以气为根本，即"理不先而气不后"(《读四书大全说》卷十《孟子告子上》)。他说"气者，理之依也"(《思问录》内篇)，气是理的依托，理在气中，"气外更无虚托孤立

之理也"(《读四书大全说》卷十《孟子告子上》)。气是阴阳变化的实体,理则是变化过程所呈现出的规律。理是气之理,没有离开气而独立存在的理。王夫之以他的气本论,来反对朱熹等人以理为本、气外求理的理论。

4."日新之化"——世界处于变化发展中

王夫之在肯定世界的客观实在性的同时,探讨了世界运动发展的问题。他认为"静即含动,动不舍静"(《思问录》外篇),就是说,动、静皆是动。运动是无条件的、绝对的,静止是有条件的、相对的。

他认为矛盾对立是造成事物运动变化的原因。他说:"易者,互相推移以摩荡之谓……纯乾纯坤,未有易也,而相峙以并立,则易之道在。"(《周易内传》卷一上)事物内部对立的两个方面相互作用,是事物变化的根源。事物如果是单纯的阳或单纯的阴,就不会有变化;事物内部阴阳并立,于是就有了变化。

王夫之在论述变化时,更重视其发展、前进的一面。他说:"天地之德不易,而天地之化日新。"(《思问录》外篇)他认为,现在不是过去,无论是自然界还是人类社会,都在不断地变化发展。旧事物的死亡,是为新事物的诞生准备条件;荣枯转换、吐故纳新,是自然界和人类发展的根本法则。

5."'能'必副其'所'"——主观要符合客观

王夫之利用和改造了佛教哲学的"能""所"范畴,对认识活动中的主体和客体、主观认识能力和客观认识对象加以明确的区分和规定。在他看来,"所"是认识对象,"能"是主体的认识能力。他说:"'所'著于人伦物理之中,'能'取诸耳目心思之用。'所'不在内,故心如太虚,有感而皆应;'能'不在外,故为仁由己,反己而必诚。"(《尚书引义》卷五)因为认识对象不在主观意识之中,所以不要有先入之见,要虚己观物,以客观的态度来对待外部世界。同时，认知主体的能力又不在主体之外，因此要认识客观事物，必须发挥主观能动性，要将从实际出发和发挥主观能动性结合起来。

王夫之还讲了"能"与"所"的关系。他说："乃以俟用者为'所'，则必实有其体；以用乎俟用而可以有功者为'能'，则必实有其用。体俟用，则因'所'以发'能'；用乎体，则'能'必副其'所'。"（《尚书引义》卷五）"所"是真实的，有了客观的实体，才有认识的对象。"能"也是真实的，有了主体的认识能力，才可能产生认识的作用。而有了认识的对象，才能引起认识，即"因'所'以发'能'"。正确的认识，必须与客观对象相符合，即"'能'必副其'所'"。总的来说，他认为"能"和"所"的关系，只能是"因'所'以发'能'""'能'必副其'所'"，即主观认识由客观对象的引发而产生，客观实在是第一性的，主观是客观的"副本"。

6. "知以行为功"——"行"在认识中的主导作用

王夫之对"能"与"所"的论证，主要是探讨主观和客观的关系。由于主观符合客观的原则必须见于行动，于是，王夫之又探讨了知行关系，提出"知以行为功""行可兼知"的知行观。

王夫之认为知和行是一个统一体中的两面，其中行是主要的一面。他说："且夫知也者，固以行为功者也。行也者，不以知为功者也。行焉可以得知也，知焉未可以收行之效也。"（《尚书引义》卷三）这是说，认识过程中尽管有知的作用，但其完成以及获得效果主要靠行，这是由行的功效性所决定的。因为知局限于主观领域，而行则沟通主、客观，具有实效性，能与对象直接接触，并使之发生改变，达到人所希望的效果。因此说"知以行为功"。

王夫之强调行在认识过程中的主导地位，进而得出"行可兼知"的结论。他认为，知源于行，力行而后有真知。行是知的基础和动力，行包括知，统率知。他说："行可兼知，而知不可兼行。"（《尚书引义》卷三）也就是说，行可以包括知，但知不包括行。行某事，必然对某事有所知；但对某事有所知，不一定就能行某事。所以，只有广泛地接触具体事物，才能达到对事物的规律性认识，先理解规律后进行学习是不可能的。离行言知，是玄虚的空谈。

7. "性日生而日成"——人性是可以养成的

王夫之将变化日新的观点运用到人性问题上，提出了"性日生而日成"的观点，指出人性不是一成不变的，后天的生活——"习"，对人性的形成有重要的作用。

他说："二气之运，五行之实，足以为长养，犹其足以为胎孕者。"（《尚书引义》卷三）这是说，人体孕育和成长所需要的营养，取自自然界的二气、五行之材料。"形日以养，气日以滋，理日以成；方生而受之，一日生而一日受之。受之者有所自授，岂非天哉？故天日命于人，而人日受命于天，故曰：性者，生也，日生而日成之也。"（《尚书引义》卷三）这是说，人禀二气出生之后，不断地成长。出生时受天之命，出生之后也无一日不受天之命。所以他认为人性不是一生下来就确定不变的，而是有一个逐渐形成和演变的过程。所以他说："未成可成，已成可革。性也者，岂一受成侀，不受损益也哉？"（《尚书引义》卷三）世界是运动不息的，所以人性也不是一成不变的。以前没有形成的，可以形成；以前形成的，也可以去除。总之，人性是可以养成或改变的。

他还强调后天学习对人性发展的作用："是故气随习易，而习且与性成也。"（《读四书大全说》卷七）他提倡把受先天之"气"影响而形成的人性与后天实践活动的"习"结合起来，使人性不断完善。

8. "理必寓于人欲以见"——理、欲统一

王夫之在强调人性变化发展的同时，进一步提出"理必寓于人欲以见"的观点。

程朱一派的理学家认为，天理和人欲是对立的，人们应该克制欲望，服从天理，即"存天理，灭人欲"。王夫之坚决反对这种观点。他认为生活欲求是人所共有的，道德不过是调整人的欲求，使之合理

的准则。道德与人的生活欲求有着不可分割的联系，道德就存在于生活欲求中。他说："礼虽纯为天理之节文，而必寓于人欲以见……故终不离人而别有天，终不离欲而别有理也。"(《读四书大全说》卷八）这是说，天理、人欲不是绝对对立的，而是相互统一的。天理就在人欲中，有欲才有理，离开人欲也就没有什么天理可言。他还说"人欲之各得，即天理之大同"(《读四书大全说》卷四），人们的基本欲望都能得到满足，这就是天理之所在。他又说："行天理于人欲之内，而欲皆从理，然后仁德归焉。"(《读四书大全说》卷六）把理寓于欲中，才能使欲服从理，人的道德也就体现出来了。

王夫之也强调天理，认为天理虽然不能脱离人欲，但人欲也要受到天理的制约。他反对把道德同欲望、功利等同起来，强调以理导欲、以义制利，认为只有充分发挥道德的作用，社会才能建立协调的秩序。

总而言之，王夫之"理寓于欲"的主张，强调理、欲统一，肯定合理的生活欲望的满足，将欲纳入到合理的轨道，矫正了理学家"存理去欲"的极端思想，这在当时具有启蒙意义，并对中国近代改良主义伦理思想产生了深刻影响。

9. "理势相依"——历史发展的规律和趋势相互统一

王夫之依据其"理依于气"的思想，提出了"理势相依"的历史规律论。他认为，"理"和"势"是相互联系、相互依赖的："其始之有理，即于气上见理。迨已得理，则自然成势，又只在势之必然处见理。"(《读四书大全说》卷九）这里的"理"，是客观事物内在固有的本质、必然性及其规律；这里的"势"，是事物发展的不可抗拒的客观趋势。正如在自然界中理和气不可分，在社会历史领域，理和势也不可以割裂："凡言势者，皆顺而不逆之谓也，从高趋卑，从大包小，不容违阻之谓也，夫然又安往而非理乎？知理势不可以两截沟分。"(《读四书大全说》卷九）

他还以"理势相依"的观点揭示了历史发展的过程："势之难易，

理之顺逆为之也。理顺斯势顺矣，理逆斯势逆矣。"又说："理之顺即势之便也……势处于不顺，则事虽易而必难。事之已难，则不能豫持后势而立可久之法以昭大信于天下，所必然也。"（《尚书引义》卷四）这是说，理的顺逆决定了势的难易，理之顺就是势之顺，理之逆就是势之逆。势不顺就会造成事难办，事难办就不能预见历史发展的趋势，也就不能立长久之法来取信于民。这说明理、势相辅相成、互为因果，即历史的固有规律和必然趋势是相互统一的。

10."一姓之兴亡，私也"——民本思想的发展

王夫之在明末清初民族矛盾激化的特殊背景下，提出了具有现代民主意义的民本思想。他说："一姓之兴亡，私也；而生民之生死，公也。"他还说："宁丧天下于庙堂，而不忍使无知赤子窃窃弄兵以相吞啮也。"（《读通鉴论》卷十七）他认为，王朝的兴亡并不比民众的生死更重要。因为属于一姓的王朝是"私"，普天下民众的生命则是"公"，"公者重，私者轻"（《读通鉴论》卷十四）。所以，他宁愿朝廷丧失政权，也不忍看到生灵涂炭。这种认识颠覆了君权至上的观念，使得保护民众生命上升为最高政治原则，是对传统民本思想的发展，体现了具有现代意义的人道主义精神。

他还说："不以一时之君臣，废古今夷夏之通义也。"（《读通鉴论》卷十四）这里的"古今夷夏之通义"，是民族的生存高于一切，民众的生命高于一切。他的这一观点，打破了君权观念的束缚，强调民族大义和民众生命高于君臣之义，使得以往至高无上的君臣之义退居次要地位，从而凸显了人的生命和民族生存的无上价值。

人的生命和民族的存续是人类社会的根本政治原则，凡是违背这一原则的行为，都是不正义的。王夫之"不以一时之君臣，废古今夷夏之通义"的政治原则，在今天仍是正确和有效的。

11."岂必恃一人之耳目以弱天下"——反专制精神

王夫之在阐扬民本思想的同时，也对封建专制进行了揭露和批

判，体现了强烈的反专制精神。

王夫之从明亡清兴的教训中认识到，导致汉民族不能自固的根本原因，是专制君主的"私天下"，即视天下为私产。专制君主害怕私产被夺而猜疑天下之人，于是将大权集中在自己一个人手里。靠一人之聪明来治理天下，这势必带来整个族群的失语，使得政治丧失活力而趋于萎靡。王夫之说："仁以厚其类则不私其权，义以正其纪则不妄于授，保中夏于纲纪之中，交相勉以护人禽之别，岂必恃一人之耳目以弱天下而听其靡哉？"（《尚书引义》卷五）意思是，合乎仁的政治，应该厚待本族类，而不应把权力变为私有。只要保证华夏民族不会退回到与禽兽无异的野蛮状态，就不必担心权力在本族类中的转移交接。难道一定要以一人的见识来减弱整个民族的治理能力，而听任政治堕落腐朽吗？王夫之认为，由于权力集中在君主一人手中，朝廷机构并不能充分发挥作用，地方政府更没有实权，于是造成了政治的无力和混乱。一旦外族入侵，这样的朝廷根本不能组织有效的抵抗，最终难免走向灭亡。

附　录

1. 从六经到十三经

《十三经注疏》

中国古代文化以儒学为根本，儒学则以经学为根本。战国以后，人们把以孔子为代表的儒家的重要著作称为"经"。儒家的重要著作，历史上有"六经""五经""七经""九经""十二经""十三经"的发展过程。

（1）六经

先秦时代，儒家传授"六经"。"六经"本是六种古老的文献，包括《易》《书》《诗》《礼》《乐》《春秋》。《易》是古代的卜筮用书，《书》是夏商周三代的政治文献汇编，《诗》是周代的诗歌总集，《礼》（指《仪礼》）是西周礼仪的记录，《乐》早已亡佚，《春秋》是鲁国的编年史。一般认为，在春秋末年，由于周王室的衰微和旧贵族的没落，大量文献残缺或散失，孔子对这六种书籍进行过搜集整理，并用作教授学生的教科书。从司马迁开始，"六经"又被称为"六艺"。

（2）五经

先秦的"六经"，由于秦始皇焚书坑儒，遭到极大的摧残。汉初取消书禁，各经书得以公开流传，但这时《乐》已经无人传授，所以"六经"只剩下"五经"。汉武帝接受董仲舒"罢黜百家，独尊儒术"

的建议,将儒家定为一尊,设立"五经"博士,在太学中以"五经"传授弟子。

(3)七经

东汉时,因为孔子被尊为圣人,记录孔子言论的《论语》就成了人们必须学习和尊奉的经。同时,统治者还提倡孝道。"孝"是一个宗法伦理观念,它首先指孝顺父母,其次它还与忠君相联系,因为行孝道的人绝不会有忤逆行为。因此,《孝经》此时也被列入经书。这样,"五经"就增加为"七经"。

(4)九经

唐代初期提出"九经"之名。所谓"九经",是把"五经"中的《礼》和《春秋》各扩充为三。《礼》扩充为"三《礼》",即《周礼》《仪礼》《礼记》。《春秋》扩充为"《春秋》三传",即《春秋左传》《春秋公羊传》《春秋穀梁传》。因为唐初朝廷并不尊孔重孝,所以"九经"中没有《论语》和《孝经》。这样,"九经"包括《易》《书》《诗》《周礼》《仪礼》《礼记》《春秋左传》《春秋公羊传》《春秋穀梁传》。

(5)十二经

唐代中期出现了"十二经"。"安史之乱"后,尊孔和重孝又被重提。唐玄宗曾亲自为《孝经》作注,孔子又成为思想权威,《论语》《孝经》再次成为经。随着唐朝确立的经书越来越多,需要解决经书的训诂问题,即要对经书的文字进行统一的解释。《尔雅》本是一部古代训诂专书,即阅读古籍所用的辞典,此时也被列入经书。唐文宗开成年间,朝廷在长安国子监门前立石,在上面刻"十二经"原文供士人传习。"十二经"就是唐代前期的"九经",再加上《论语》《孝经》和《尔雅》。

(6)十三经

唐代韩愈、李翱宣扬"道统",认为孟子是孔子之后"道统"的继承者。到了宋代,孟子学说受到重视,孟子成为地位仅次于孔子的儒家代表,《孟子》一书也就成了必须诵习的经典。这样,《孟子》

与原来的"十二经"合为"十三经"。

汉代及稍后的学者对各经做了大量注释,人们称之为注或笺。到了唐宋时期,前人的注释也已经难以理解,于是一些学者对前人的旧注进行解释和阐发,这被称为"疏"或"正义"。历代解释"十三经"的著作有很多,南宋光宗绍熙年间有了汇集唐宋之前最具权威性的"十三经"注、疏的合刊本,这就是《十三经注疏》。清代嘉庆年间,阮元主持重刻《十三经注疏》,号为善本。现在的《十三经注疏》通行本即阮元主持校刻的善本。中华书局于1980年据原世界书局缩印本影印,其影印的清刻宋本《十三经注疏》的注疏本如下:

《周易正义》十卷,[魏]王弼、韩康伯注,[唐]孔颖达等正义,[清]李锐校。

《尚书正义》二十卷,旧题[汉]孔安国传,[唐]孔颖达等正义,[清]徐养原校。

《毛诗正义》七十卷,[汉]毛亨传,郑玄笺,[唐]孔颖达等正义,[清]顾广圻校。

《周礼注疏》四十二卷,[汉]郑玄注,[唐]贾公彦疏,[清]臧庸校。

《仪礼注疏》五十卷,[汉]郑玄注,[唐]贾公彦疏,[清]徐养原校。

《礼记正义》六十三卷,[汉]郑玄注,[唐]孔颖达等正义,[清]洪震煊校。

《春秋左传正义》六十卷,[晋]杜预注,[唐]孔颖达等正义,[清]严杰校。

《春秋公羊传注疏》二十八卷,[汉]何休注,[唐]徐彦疏,[清]臧庸校。

《春秋穀梁传注疏》二十卷,[晋]范宁注,[唐]杨士勋疏,[清]李锐校。

《论语注疏》二十卷,[魏]何晏等注,[宋]邢昺疏,[清]孙同元校。

《孝经注疏》九卷，[唐]李隆基注，[宋]邢昺疏，[清]臧庸校。
《尔雅注疏》十卷，[晋]郭璞注，[宋]邢昺疏，[清]臧庸校。
《孟子注疏》十四卷，[汉]赵岐注，旧题[宋]孙奭疏，[清]李锐校。

2. 五经

"五经"在先秦虽然广泛传播，但并未引起统治者的特殊重视。秦代焚书，除了《易》，其他四经都在焚烧之列。汉初，儒者地位提高，儒家著作得到普遍传习。汉武帝即位后，接受董仲舒"罢黜百家，独尊儒术"的建议，并于建元五年（前136年）设置"五经"博士，从此，"五经"被奉为神圣的经典。

西汉设立的十四个博士，都是今文博士。今文是与古文相对而言的。汉初所传的"五经"，都是用当时通行的隶书抄写，所以叫今文经；古文经则是用先秦古文字抄写的。古文经出现较晚。西汉末年，刘歆整理皇家图书时，发现了古文《尚书》《左氏春秋》等古代典籍。他要求将其立于学官，但遭到今文博士的激烈反对。于是他著文回击，拉开了今古文之争的序幕。王莽篡政后，大力提倡古文经，于是一些古文经被立于学官。东汉时，虽然古文经不再立于学官，但学者研习古文经的风气很盛，出现了马融、郑玄这样的古文经大师。作为古文经大师的郑玄，融合今文经学的长处，遍注群经，结束了今古文经学水火不容的局面。

魏晋时期，王弼注《易》，何晏注《论语》，杜预注《春秋左传》，梅颐作《伪古文尚书》，范宁注《春秋穀梁传》。这些书问世后，除了郑玄的《三礼注》外，其他的汉代今古文经学者所作的注都不再能立足。

唐太宗时，国子祭酒孔颖达与诸儒奉敕编定《五经正义》。《五经正义》确定的注疏是《周易正义》（王弼注）、《尚书正义》（伪孔传）、《礼记正义》（郑玄注）、《毛诗正义》（毛传、郑笺）、《春秋左传正义》（杜预注）。以《五经正义》来看，唐代的"五经"与汉代的"五经"不同。汉代的"五经"全是今文经，而唐代的"五经"则包含了古文经（《毛诗正义》《春秋左传正义》）。汉代"五经"中的《礼》指《仪礼》，唐代则指《礼记》。

《五经正义》的颁布，不仅使新的"五经"确定下来，成为后世奉行的标准，而且保存了汉魏时期的许多旧籍，为后世学术研究提供了极其宝贵的资料。

3.《周易》

《周易》包括《易经》和《易传》两部分。《易经》是古老的筮书，《易传》是对《易经》的解释。

《易经》的两个基本符号是"—"和"--"，分别叫作阳爻和阴爻。两个符号中的一个自重为三叠，或者两个符号一多一少互连为三叠，形成八种形状，即八卦。八卦的卦形及名称是：☰（乾）、☷（坤）、☳（震）、☴（巽）、☵（坎）、☲（离）、☶（艮）、☱（兑）。

八卦自重或互重，组成六十四卦。自重的使用原名，如乾卦、坤卦、震卦等；互重的则另立名称，如否卦、泰卦、蹇卦等。《易经》全书以卦为单位，分为上、下两经。上经三十卦，下经三十四卦。每一卦各包括卦形、卦名、卦辞、爻辞四部分。

六十四卦中，每个卦形都有六行，每一行叫作一爻。按自下而上的顺序，以"初""二""三""四""五""上"表示每爻的爻位；以"九""六"表示每爻的爻性，"九"属阳（—），"六"属阴（--）。把表示爻位的一个字和表示爻性的一个字组合起来，叫作爻题。例如，屯卦（䷂）六爻的爻题分别是：初九、六二、六三、六四、九五、上六。六十四卦中，首卦乾卦、第二卦坤卦，各多一爻，所以共有三百八十六爻。

六十四卦的每一卦，都有一句话来说明本卦的意义，这叫作卦辞，共有六十四条。例如，泰卦（䷊）的卦辞是："小往大来，吉，亨。"每个爻题后面，各有一句话来说明本爻的意义，这叫作爻辞。例如，小畜卦（☰）的爻辞是："初九，复自道，何其咎？吉。""九二，牵复，吉。""九三，舆说辐，夫妻反目。""六四，有孚；血去惕出，无咎。""九五，有孚挛如，富以其邻。""上九，既雨既处，尚德载；妇贞厉，月几望；君子征凶。"

关于《易经》的作者，流传最广的说法是，伏羲画出八卦，周文王将八卦扩展为六十四卦，并作出卦辞、爻辞。但是这个说法一直受到怀疑，目前也没有定论。

《易经》本是一部占筮用书，但是卦、爻辞涉及了上古时期的历史事件，反映了上古社会各方面的情况，并体现了当时人们的思想认识，对现代人了解上古社会有重要价值。

《易经》年代久远，文字简约晦涩，因此不断有人对它进行解释。在战国及秦汉之际，出现了对《易经》的七种解说，这些解说文字被汇总成《易传》。《易传》又称《易大传》，包括《彖》《象》《系辞》《文言》《说卦》《序卦》《杂卦》七部分。因为《彖》《象》《系辞》各分为上、下两篇，《易传》合起来一共十篇，所以又称为"十翼"。

《易传》的作者，相传是孔子。但目前普遍认为，《易传》不是出自一人、成于一时，而是由战国及秦汉之间的许多儒家学者逐步完成的。《易传》是《易经》的注解，但它的解释有时与经文原意不符，因而更像是一部表达作者思想观念的哲学著作。十篇文字前后映照、相互补充，形成了较为完整的思想体系。

先秦时期，《周易》因孔子的倡导而广泛传播。西汉时期，传授《周易》的有施、孟、梁丘三家，汉武帝设立"五经"博士，这三家均被立于学官。汉元帝时，又有京氏《易》与前三家并列于学官，而此时民间流行的是费氏《易》和高氏《易》。东汉末年，郑玄以费氏《易》为宗，又参考京氏《易》，完成了《周易注》。三国时期，王弼作《周易注》，纠正郑注《周易》重训诂、轻义理的弊病，对后来的《周易》研究产生了重大影响。王弼的《周易注》包括《经》的部分及《传》的《文言》《彖》《象》等。晋代，韩康伯继承王弼的思想，续注《系辞》《说卦》《序卦》《杂卦》等。唐代，孔颖达奉敕修撰《五经正义》，其中的《周易正义》就取王弼、韩康伯注本。因为《周易正义》是权威的注本，所以影响了当时及后世易学研究的方向。

4.《尚书》

《尚书》古称《书》。尚，通"上"，指上古；"书"，指历史简册。"尚书"的意思，就是上古的史书。具体来说，《尚书》是夏、商、周三代的历史文献汇编，包括国家的号令、誓词、重要谈话纪要以及专题记事，其文体主要有典、谟、训、诰、誓、命六类。

《尚书》分为《虞书》《夏书》《商书》《周书》四部分。其中，《虞书》《夏书》是商、周时期的人根据远古传说和一些从夏代传下来的资料追记而成的；《商书》一部分是商代流传下来的文献，一部分经过后人的加工；《周书》是周代的档案文献。

相传《尚书》原来有三千篇，孔子将其进行整理，选定百篇，并为各篇作序。后人对这一说法有怀疑，但一般都确信孔子对《尚书》做过整理修订。由于秦始皇焚书以及接连的战争，战国时流行的《尚书》大部分散失了。济南人伏胜，人称伏生，原是秦朝的博士，秦始皇焚书时，他把一部《尚书》藏在墙壁中。汉朝建立后，他取出这部书，发现一部分已经朽坏，只剩下二十八篇。他以此作为教本，在本乡授徒讲学。汉文帝时，朝廷搜求古籍，派晁错到伏生家请教，晁错笔录后带回朝廷。后来，民间又发现了《尚书》的一篇，名为《泰誓》，于是《尚书》成了二十九篇。虽然后来有人认为《泰誓》可疑，不过，当时的人把它看作真的。西汉流行的这部包括二十九篇的《尚书》，是用当时通用的隶书抄写的，所以被称为今文《尚书》。西汉传授今文《尚书》的有三家，即欧阳高、夏侯胜及其侄子夏侯建，三家均被立于学官。

在今文《尚书》流行的同时，又陆续发现了用先秦古文字书写的古文《尚书》。刘歆请求朝廷将其立于学官，但遭到今文博士的反对。古文《尚书》虽未被立于学官，但因刘歆的倡导而得到传播。东汉时期，今文《尚书》虽仍处于官学地位，但因神秘和琐碎的学风而逐渐衰落。古文《尚书》则日益受到欢迎，逐渐取代了今文《尚书》的地位而成为主流。

　　东晋时期，梅赜向朝廷献上一部古文《尚书》，声称是汉代孔安国所注释的真本古文《尚书》，后人称之为《伪古文尚书》。该书共五十八篇，实际上由真、伪两部分组成。真的属今文二十八篇，但伪造者把它们析为三十三篇；伪的有二十五篇。这部伪书十分流行，在相当长的时期内，人们把它看作由孔安国注释的古文《尚书》。唐代修撰《五经正义》，《尚书》即选用该本，孔颖达根据所谓"孔传"而作了"正义"，作为官定之本颁行全国。后来此书由宋人收进《十三经注疏》，通行至今的《尚书》，也是这部《伪古文尚书》。从北宋吴棫开始，不少人对通行的《尚书》加以质疑。到了清代阎若璩，才完成了对《伪古文尚书》的辨伪。《伪古文尚书》定案后，二十五篇伪作被推翻，今文二十八篇重新受到重视。

5.《诗经》

　　《诗经》原称《诗》或《诗三百》；汉儒将其奉为经典，故称《诗经》。《诗经》是我国第一部诗歌总集，编成于春秋时期，其作品基本上产生于西周初期到春秋中期，大致跨越五百年的历史。

　　《诗经》共有三百零五篇，按《风》《雅》《颂》三部分编排而成。《风》，也称《国风》，有一百六十篇，占《诗经》作品的大半，主要是十五个国家和地区的民间诗歌，以其所在国家或地区的名字来命名，包括《周南》《召南》《邶风》《鄘风》《卫风》《王风》《郑风》《齐风》《魏风》《唐风》《秦风》《陈风》《桧风》《曹风》《豳风》。大致说来，这些国家或地区在今天的陕西、山西、河南、河北、山东和湖北北部。《国风》的内容极为丰富，涉及农业劳动、行役之怨、相思爱恋、妇女婚姻、感叹兴亡、讽刺批判、民风民俗等方面。

《雅》有一百零五篇,都是贵族的作品。其中,《大雅》三十一篇,《小雅》七十四篇。《大雅》大部分是西周前期的作品,全是朝会乐歌。其中,一部分是歌颂文王和大臣功业的颂歌;还有五篇周人的开国史诗,包括《生民》《公刘》《绵》《皇矣》《大明》;另外有一部分政治讽喻诗。《小雅》基本上是西周后期的作品,其中一部分是朝会和宴享的乐歌,与《大雅》类似;大部分作品是讽谏怨刺之作,感叹身世、抒发悲怨;另外有一些反映贵族生活习俗的诗。

《颂》有四十篇,其中《周颂》三十一篇,《鲁颂》四篇,《商颂》五篇,它们都是宗庙祭祀乐歌。《周颂》是西周王室的宗庙祭祀乐歌,主要产生于西周前期,其中绝大多数是祭祀先王和山川神明的颂歌,也有小部分是祈求丰收的农事诗。《鲁颂》是春秋时期鲁国的宗庙祭祀乐歌。鲁国是周公的封地,因为周公的功劳大,所以鲁国后裔可以使用天子的礼乐,这样就有了《鲁颂》。《商颂》是宋国的宗庙祭祀乐歌。宋国是殷商的后裔,周武王灭商后,封微子启于宋,被允许修其礼乐以奉祀商的先王。

《诗经》是中国文学的源头,有着鲜明的艺术特点,主要表现在赋、比、兴三种表现手法的成熟运用上。朱熹在《诗集传》中解释:赋,就是铺陈直叙,直接叙述所要描写的事物,抒发内心的情感;比,是比喻,利用两种或几种事物之间的相似点来打比方;兴,就是起兴,是通过先写其他事物来引出诗歌所要描写的事物。赋、比、兴是汉代以后对诗歌表现手法的一种总结,也是以《诗经》为代表的中国诗歌的表现特点。

汉代传授《诗经》的有鲁、齐、韩、毛四家。其中,前三家属于今文经,《毛诗》属于古文经。鲁、齐、韩"三家《诗》"流行于西汉;东汉以后,古文经盛行,《毛诗》受到青睐。郑玄为《毛诗》作"笺",完成了《毛诗传笺》,扩大了《毛诗》的影响。此后,《毛诗传笺》的地位日益巩固,"三家《诗》"就不再通行。唐代初期,孔颖达为《毛诗传笺》作疏而成《毛诗正义》,作为《五经正义》的一种。此书颁行后,成为唐代《毛诗》学的正宗。南宋朱熹的《诗集传》，对《诗经》思想和艺术的认识比较符合实际，其注释文字浅白，章后又有概括性的说明，较为便于阅读，所以一直盛行不衰。

6.《仪礼》《礼记》和《周礼》

"十三经"中有《仪礼》《礼记》和《周礼》，因东汉末年郑玄为这三部书作注，故有"三《礼》"之名。《仪礼》曾是孔子教授学生的课程，在汉代是"五经"之一；《礼记》本是儒家学者所写的解释《仪礼》的文字，是礼学论文集，在唐代取得了经书的地位；《周礼》原名《周官》，西汉末年才改称《周礼》，是记录先秦政治体制和官制的书。

（1）《仪礼》

《仪礼》原来叫作《礼》，汉代人称为《士礼》或《礼经》，大约在晋代改称《仪礼》。《仪礼》是记载先秦贵族生活和礼仪制度的书，孔子曾将它作为教授学生的课程。孔子之后，儒家一直重视传习《仪礼》，后来虽遭秦火，依然传习不绝。西汉初年，鲁人高堂生最早传授《仪礼》十七篇，后来传授《仪礼》较著名的有庆普、戴德（大戴）、戴圣（小戴），三家都被立于学官。

东汉时期，大戴《礼》和小戴《礼》被立于学官，民间则重视庆氏《礼》。东汉末年，郑玄的《仪礼注》对十七篇逐句解释，具有很高的学术价值。现在通行的就是郑玄的注本。

（2）《礼记》

《礼记》本是解释《仪礼》的书，即《仪礼》传习中儒家学者写的解释、说明和补充《仪礼》的所谓"记"。《礼记》原来并没有独立成书，而是附在《仪礼》后面与其一起流传。这些"记"，不是一人一时之作，而是世代累积的。到了西汉，经过秦火和战乱，剩下的古"记"已经不多。西汉礼家从这些古记中各取所需，编辑成册，用于辅助《仪礼》的学习。经过长期选择和淘汰，大约在东汉中期，大戴《礼记》八十五篇和小戴《礼记》四十九篇这两个本子得到社会的承认，被保留下来。

东汉末年，郑玄给小戴《礼记》四十九篇作注，使其广泛流传。大戴《礼记》虽然也有传本，但因为不受重视，在流传过程中散佚了四十六篇，只保存下来三十九篇。郑玄除了给小戴《礼记》作注，还注释了《仪礼》和《周礼》，从此，小戴《礼记》与郑注《周礼》《仪礼》并称"三《礼》"。

从性质上讲，《礼记》是对《礼经》即《仪礼》的解释，但就今天所看到的内容来讲，它并不是依经而作，实际上是一部儒家的杂纂。《礼记》所涉内容广泛，对先秦的政治制度、经济制度、思想学说、社会理想、生活礼节以及各种生活规范等都有所记录和反映，对政治史、文化史和学术史研究来说，都是宝贵的资料。

唐代，孔颖达奉敕撰《五经正义》，其中《礼记正义》选用郑玄的《礼记注》，从此，《礼记》的官学地位确立，代替《仪礼》的位置，名列唐代的"五经"，《礼记》也成了小戴《礼记》的专名。宋代，《礼记》中的《大学》《中庸》两篇，得到道学家的表彰，朱熹为之作章句，并将其与《论语》《孟子》一起，配成"四书"。

（3）《周礼》

《周礼》原名《周官》，相传是西汉景、武之际，由河间献王刘德从民间征得，献给朝廷的一部古书。它起初并未受到重视，西汉后期，刘向、刘歆父子整理皇家图书时发现了它。王莽时期，因刘歆奏请，《周官》被列入学官，改名为《周礼》。王莽失败后，这部书又遭到冷遇，直到东汉末年郑玄为它作注，才通行天下。

《周礼》的作者相传是周公，但是目前一般认为，它不是一人一时所作，成书时间大约在战国后期。《周礼》的内容，包括《天官》《地官》《春官》《夏官》《秋官》《冬官》六篇。在西汉重新出现时，只有五篇，《冬官》一篇亡佚，遂另取内容相近的《考工记》，凑足六篇。《周礼》把天地四时与六大官属相联系，构成国家行政机构体系。六大官属是：天官冢宰，即太宰，是六官之首，主管朝廷及宫中事务；地官司徒，主管土地和户口，负责分配土地、收取赋税；春官宗伯，主管祭祀和礼仪；夏官司马，主管军政；秋官司寇，主管刑罚、司法、治安；冬官司空，主管百工。

六官是国家中枢的六部分，中枢又管理地方，书中所列三百六十多个官职，其中有中枢的属官，也有地方官，我们可以通过这些官职的记述，了解一整套国家行政机构模式。

《周礼》是系统叙述先秦时期政治制度的典籍，但它所记述的职官、政治制度，从西周直到战国都没有完全实行。所以说，《周礼》既利用了西周至战国的许多材料，又加以理想化，是关于国家政治体制的蓝图。从西汉末年开始，就不断有人把它作为国家政治、经济制度的理论依据。例如，从隋朝开始的"三省六部制"，其中的"六部"，就是仿照《周礼》的"六官"设置的。唐朝将六部之名定为吏、户、礼、兵、刑、工，作为中央官制的主体，为后世所沿用，一直到清朝。

汉代以后，三《礼》的地位处在不断变化中。魏晋南北朝时期，小戴《礼记》日益受到重视，《周礼》也比较兴盛；《仪礼》地位下降，除了其中《丧服》一篇受到重视外，其他各篇很少有人涉及。唐代，以《五经正义》为标志的新"五经"出现，小戴《礼记》正式升入"五经"的行列；过去居"五经"之列的《仪礼》则地位下降，虽然有了"九经"的名目后，它仍然属于"经"，但"九经"毕竟不能和"五经"相提并论。宋代，学者的注意力逐渐转向《周礼》《仪礼》，对于《礼记》，人们只是重视其中的《大学》《中庸》两篇。清代礼学复兴，人们的兴趣也偏重于《周礼》和《仪礼》。

7.《春秋》及三传

（1）《春秋》

《春秋》是汉代的"五经"之一，也是中国最早的编年体史书。它本来是鲁国的史书，春秋末年，孔子曾将它作为教授学生的教材。孔子及儒家对《春秋》的重视，推动了它的流传，并对后世产生了重大影响。

《春秋》的记事，起于鲁隐公元年（前722年），止于鲁哀公十四年（前481年），共二百四十二年。虽然它记事简单，且有不少残缺不全之处（目前全文一万六千多字），但它还是记载了历史上的许多大事，可信度很高。《春秋》堪称中国史著之源，在史学方面有开拓之功。

《春秋》在政治上也有重大影响。司马迁认为，孔子曾修订过《春秋》，并在修订时寄寓了自己的政治主张，即"正名""尊王攘夷""大一统"等思想。司马迁还认为，《春秋》有独特的写法，叫作"春秋书法"或"春秋笔法"，即用简单的文字来叙述历史，在对事件和人物的褒贬中，明辨是非，抑恶扬善，寄托政治理想，为天下树立法度。这也就是所谓"微言大义"。

由于《春秋》的经文简约，后来有多家对它进行解释，影响较大的有《左传》《公羊传》《穀梁传》三种，后人称之为"《春秋》三传"。这三家写本流传后，又分别属于今文、古文两个派别，其中《左传》为古文，《公羊传》和《穀梁传》为今文。

（2）《春秋左氏传》

《春秋左氏传》原名《左氏春秋》，通称《左传》。它的作者，相传是春秋末年鲁国人左丘明。

西汉前期，《左传》的流传并不广。直到西汉后期，刘歆校理皇家图书时，才发现了它。刘歆建议将其立于学官，但遭到今文博士的反对。王莽当政时，将它立于学官。

东汉时期，虽然《公羊传》是官学，但学者的兴趣在《左传》。今文经学家何休不甘心《公羊》学的衰落，著书贬责《左传》和《穀梁传》，古文经学家郑玄起而加以辩驳。两派争论的结果是，《公羊》学日益衰落，《左传》学日益兴盛。

西晋时期，杜预在吸收前人成果的基础上，完成了《春秋左氏经传集解》一书。唐代初期《五经正义》中的《春秋正义》，用的就是杜注《左传》。南宋刊行《十三经注疏》，其中的《春秋左传正义》，即杜预注、孔颖达正义的版本。

（3）《春秋公羊传》

《春秋公羊传》，简称《公羊传》，又称《公羊春秋》。《公羊传》的作者，传说是公羊高，但也有人说是公羊高的后代公羊寿，至今无定论。

《公羊传》采用对答体的形式，对《春秋》经文进行逐句逐层的解释。其重点在于探求经文的"微言大义"，所以不像《左传》那样对事件做详细记叙，而是对经文的只言片语进行冗长琐碎的议论。可以说，《左传》以"史"为主，《公羊传》以"义"为主。

西汉时期，最早传授《公羊传》的是胡母生（一作"胡毋生"）和董仲舒。汉武帝时，董仲舒受到重用，《公羊》学也成为显学，这一时期的许多政治活动，都打上了《公羊》学的烙印。到了西汉末年，《公羊》学和谶纬混为一谈，逐渐走向衰落。东汉时期，《公羊》学虽仍为官学，但已不为学者所重。何休费尽心血撰成了《公羊春秋解诂》，之后，《公羊》学完全衰落。唐代，徐彦为何休《公羊春秋解诂》作疏，即宋代收入《十三经注疏》的《春秋公羊传注疏》。清代，《公羊》学复兴，到了晚清更是盛极一时。晚清学者自龚自珍、魏源直至康有为，都援引《公羊》大义议论时政，使之成为解决现实政治问题的理论武器。

（4）《春秋穀梁传》

《春秋穀梁传》简称《穀梁传》，又称《穀梁春秋》。关于它的作者，班固说是鲁人穀梁赤。穀梁是姓，至于他的名，至今也无定论。《穀梁传》与《公羊传》一样，采用一问一答的形式随经作传，逐句逐层解释经文，重在阐发道理而不是记叙史实。《公羊传》与《穀梁传》虽然同是重在释义，但有不同之处：《公羊传》释"微言大义"，《穀梁传》只释"大义"而不释"微言"。

西汉的《穀梁传》传自鲁人申公。到汉宣帝时，《穀梁》学兴盛一时，出现了一批名家，其中最著名的是刘向。东汉以后，《穀梁》学日益衰微，在《春秋》三传中最不景气。东晋范宁作《春秋穀梁传集解》，唐代杨士勋为范宁的集解作疏，即宋代被收入《十三经注疏》的《春秋穀梁传注疏》。

8. 四书

"四书"是《论语》《孟子》《大学》《中庸》的总称。

"四书"之名的形成有一个过程。《论语》早在汉代就是妇孺必读的书；《孟子》在汉代虽流行一时，但很快就不被重视了；《大学》和《中庸》原本是《礼记》中的两篇文章，并未独立成书；《孟子》《大学》《中庸》直到唐代韩愈、李翱和宋代二程，特别是到了朱熹那里，才受到了极大的重视。

"四书"

中唐韩愈及其弟子李翱提倡道学，开始重视《孟子》《大学》《中庸》。北宋的二程将《礼记》中的《大学》《中庸》两篇与《论语》《孟子》并重。他们认为《大学》是孔子讲授"初学入德之门"的要籍，由曾子整理成文；《中庸》是孔门传授心法之书，是孔子的孙子子思传授给孟子的。它们共同表达了儒家的基本思想。基于二程的观点，朱熹把《大学》《中庸》从《礼记》中独立出来，与《论语》《孟子》合成一书，并分别做了注释，这就是《四书章句集注》。在编排次序上，朱熹按照由浅入深的顺序，首列《大学》，次列《论语》和《孟子》，最后列《中庸》。后人则因为《大学》《中庸》的篇幅较短，为了刻写出版的方便，把《中庸》提到《论语》之前，成了通行的《大学》《中庸》《论语》《孟子》的顺序。朱熹几乎用了毕生精力来研究"四书"，"四书"的哲理成为他构造自己思想体系的基础。经过他的研究，"四书"条理贯通，无所不备。

朱熹《四书章句集注》受到统治者青睐是元朝的事。元仁宗即位后，恢复了停止已久的科举考试，决定以《四书章句集注》为标准课试士子。到了明朝永乐年间，朝廷颁行《四书大全》作为科举考试的标准参考书。当时,《五经大全》也同时颁行,但因为科举考试以"四书"为重,"四书"的地位逐渐超过"五经",后来"五经"几乎到了束之高阁、无人问津的地步。

明、清两代的科举考试范围都是在朱注"四书"里,这使"四书"不仅成为儒学的重要经典,而且成了每个读书人的必读书。于是,"四书"的主要内容,作为当时人们的基本信仰与信念,成为安身立命之道。"四书"所传达的儒家核心价值,又通过私塾乡校、说书唱戏等渠道流向社会,影响着世道人心,对中国人的人格心理的塑造起到了巨大的作用。

四书中的《论语》《孟子》前文已经做了介绍,下面介绍一下《大学》《中庸》。

9.《大学》

《大学》原是《礼记》中的一篇,是论述儒家人生哲学的论文,一般认为是春秋时期的曾子所作。曾子,名参,是孔子的弟子,以孝著称。

朱熹在《大学章句序》中说,"大学"是相对"小学"而言。八岁入小学,学的是"洒扫、应对、进退之节,礼乐、射御、书数之文";十五岁入大学,学的是"穷理、正心、修己、治人之道"。就是说,"大学"不是教人具体知识、技术、礼仪的,而是教人学习如何修身以及如何治国安邦的。

关于《大学》一书的作用,朱熹说:"大学之书,古之大学所以教人之法也。"(《大学章句序》)他认为,《大学》这部书是古代大学进行教育的法则。

朱熹非常重视《大学》在儒学中的地位,将其放在四书之首。他说:"某要人先读《大学》,以定其规模;次读《论语》,以立其根本;次读《孟子》,以观其发越;次读《中庸》,以求古人之微妙处。"(《朱子语类》卷十四)朱熹主张在"四书"中先读《大学》,以立其规模。所谓立规模,好比是造房子,应先根据构想造出房子的框架。由于《大学》讲的是关于做人的大旨，指明了人生努力的目标与次第，所以朱熹强调应先读《大学》，建立一个做人的总体目标和具体实施方案。

《大学》的版本有两个系统：一是《礼记》中《大学》的原文，称为古本，明代王守仁就持守古本；一是经过朱熹编排整理，分为经、传的《大学章句》本。朱熹将《大学》分出次序，分为十一章，即经一章、传十章，并认为传的第五部分，也就是"格物致知章"已经缺失，于是作了《补传》。他认为，经是孔子所写，概述全书的要旨；后面的传是曾子所写，是对经的要旨的说明。

《大学》的第一章，朱熹称为"经一章"，认为这是全文的总纲，包含有"三纲领，八条目"。后面的十章，都是对"三纲领，八条目"的解释说明。

所谓"三纲领"，即明明德、亲民、止于至善，这是治理国家的三条基本原则。

"明明德"，就是在整个社会弘扬美好的德行。"亲民"就是"新民"，即通过教化，使人民在道德上弃旧图新、弃恶从善。"止于至善"就是使人人都处于完美的善的境界。

所谓"八条目"，即格物、致知、诚意、正心、修身、齐家、治国、平天下。这是实现"三纲领"的八个步骤。

"格物"就是探究万事万物的道理。"致知"就是获得知识，认识到万事万物的本来之理。"诚意"就是意念真诚，真心实意。"正心"就是心思端正，恪守儒家所提倡的正道，控制好自己的情绪和欲望。"修身"就是修养自身的品性。"齐家"就是管理自己的家庭和家族，教导家族做到孝、悌、慈。"治国"就是治理国家。这里的"国"，指诸侯国。统治者必须以身作则才能治国。"平天下"就是使整个天下太平，这是儒家的最高理想。八个条目，最后落实到"平天下"。

"八条目"前后相续，逐步推进，前五条为修己，后三条为治人，治人必须以修己为前提，也就是以修身为本。

总之，"三纲领"指出了人生的目标与方向，"八条目"则罗列了实现"三纲领"的具体方式与途径。这样，就把道德修养和治理国家结合为一体。

《大学》是儒家的人生哲学，是积极入世、奋发进取的人生观。它要求个体努力修养，达到道德的自我完善，进而齐家，并担负起治国、平天下的社会责任。它把儒家的道德理想和政治理想作为个人的奋斗目标，最终目的是建立一个开明的社会。这一人生哲学影响了当时每一位读书人，甚至是每一个中国人，树立了后世中国人的价值观，进而影响了中国人的精神面貌。

10.《中庸》

《中庸》也是《礼记》中的一篇，是儒家论述人生修养境界的道德哲学论文，一般认为是战国时期的子思所作。子思，姓孔名伋，是孔子的孙子、曾子的弟子，被后世尊为"述圣"。《中庸》具有浓厚的理论色彩，朱熹认为读"四书"要最后读《中庸》。《四书章句集注》始将《中庸》分为三十三章，我们可从以下五个方面来概括全文：

（1）什么是"中庸"

朱熹解释说："中者，不偏不倚、无过不及之名。庸，平常也。"（《中庸章句》题注）他又说："中庸者，不偏不倚、无过不及，而平常之理。"（《中庸章句》第二章）就是说，"中庸"指凡事都要不偏不倚、无过无不及，这一道理是恒常普遍而又平实切近的。简言之，凡事取其中，这是不变之常道（常理），也就是中庸之道。

从人在生活中所表现出的感情、欲望来说，"中庸"就是"致中和"。《中庸》说："喜怒哀乐之未发，谓之中；发而皆中节，谓之和。"这是说，喜怒哀乐尚未表现出来时，心中是平静的，所以叫作"中"；喜怒哀乐表现出来后符合节度，叫作"和"。"致中和"即达到中和，具体说就是：各种感情、欲望发生时，自然而然地合于礼节。这是儒家对人在表现感情、欲望时的基本要求，中庸之道的精髓也在于此。《中庸》强调了"中和"的重要性："中也者，天下之大本也；和也者，天下之达道也。"这是说，"中"是每个人都具备的本性，"和"是天下共同遵循的原则。它还指出了"致中和"的意义："致中和，天地位焉，万物育焉。"意思是说，如果达到了"中和"的境界，天地就能各在其位，万物就能茂盛生长。（以上引文见《中庸》第一章）

从人在生活中对待事物的态度和方法来说，"中庸"就是"执其两端，用其中于民"（《中庸》第六章），简而言之就是"执两用中"。这里的"中"，指恰当、不偏不倚、无过无不及。"执两用中"，就是根据过与不及两端的情况，找到适合事理之宜的最佳点，把最适合的办法和政策施用于民，真正做到恰到好处。

（2）以"天"为道德本体

《中庸》十七章引孔子的话说："故天之生物，必因其材而笃焉。"这是说，"天"生养万物，必定根据它们的资质而厚待它们。这里明确了"天"是万物产生的本原。又说："故大德者必受命。"意思是，有大德的人，必然受命于天，担当天所赋予的重任。而对于这样有大德的圣人，"凡有血气者，莫不尊亲，故曰配天"（《中庸》第三十一章）。这是说，凡是有血气的人，对待圣人没有不尊敬爱戴的，所以说圣人的美德可以与天相配。这是一种至德"配天"的思想，认为圣人的大德与天德相合、相配。可见，这里的"天"是宇宙万物的终极本原，而作为本体的天，也是有德性的天。

《中庸》认为，"天"在生人、生物时，就把德性赋予了人和物，所以天德内在于人、物的本性。既然人、物具有天赋的德性，那么只要遵循天赋的德性而行，就合乎天道。然而，由于人、物的气禀有差异，并不是所有的人、物都能尽性合天，因此教化、修养是必要的。这就是《中庸》第一章说的"天命之谓性，率性之谓道，修道之谓教"。

那么，天德的内涵是什么呢？《中庸》认为是"诚"。"诚"是真实无妄的意思。《中庸》第二十章说："诚者，天之道也。"这是说，"诚"是天德的内涵，是天遵循的原则，即天道。正是依赖以

"诚"为内涵的德性之天，纷繁复杂、生生不已的社会乃至宇宙万物才得以生成。

在宇宙万物中，圣人天生真诚，不用勉强就能做到诚，不用思考就能拥有诚。但普通人往往不能直接做到诚，他们必须要经过自我反省，选择善的目标而执着追求，才能做到诚。所以《中庸》说："诚之者，人之道也。"（第二十章）就是说，努力追求真诚，是做人的原则。

（3）以君子为道德主体

虽然人、物都具备天命之性，但由于气禀的差异，一般人、物的德性往往被欲望所遮蔽，所以道德自觉和道德践履只有君子才有。圣人是君子的极致，因而只有君子才是现实的道德主体。君子由"中庸"所衍发的德行有很多方面，例如：

"时中"：随时而处中，也就是随时做到适中。（《中庸》第二章）

"和而不流"：性情平和而又不随波逐流。（《中庸》第十章）

"中立而不倚"：以中庸立身而不偏不倚。（《中庸》第十章）

"遁世不见知而不悔"：真正的君子遵循中庸之道，即使隐遁在世间，一生不为人所知，也绝不后悔。（《中庸》第十一章）

"以人治人，改而止"：根据为人的道理来治理人，只要他能改正错误就行。（《中庸》第十三章）

"忠恕"："施诸己而不愿，亦勿施于人"，即自己不愿意做的事情，不要强加给别人。（《中庸》第十三章）

"言顾行，行顾言"：言论符合自己的行为，行为符合自己的言论。（《中庸》第十三章）

"素其位而行，不愿乎其外"：安于现在所处的地位，去做应做的事，不羡慕这以外的事。（《中庸》第十四章）

"无入而不自得"：无论处于什么情况下都安然自得。（《中庸》第十四章）

"正己而不求于人"：端正自己而不苛求别人。（《中庸》第

十四章）

"上不怨天，下不尤人"：上不抱怨天，下不抱怨人。(《中庸》第十四章）

"居易以俟命"：安居现状来等待天命。(《中庸》第十四章）

（4）德性伦理政治

《中庸》认为，在社会中，一切事物都以德为本。社会中有五种伦理关系，即"五达道"：君臣、父子、夫妇、兄弟、朋友。这五种人伦关系本于三种道德，即"三达德"：智、仁、勇。三种道德对于处理好五种伦理关系具有促进作用，做到了有智慧、能爱人、勇敢无畏，才能实现君臣、父子、夫妇等关系的和谐。这些道德最终会提升到合于天德的"诚"的高度，以"诚"来保持道德的自觉性、一贯性。

在政治领域，《中庸》也以德性作为从政者必备的素质，这就是"九经"："修身""尊贤""亲亲""敬大臣""体群臣""子庶民""来百工""柔远人""怀诸侯"。这里将君主的行政事务归纳为九种，其中第一项就是"修身"。而君主正是从"修身"开始，在行政事务中体现出尊、亲、敬、体、子、来、柔、怀等德性，才能治理好天下。可见，《中庸》将人的道德修养和治国安邦结合在一起。这九种事务的完成，可归结为一个"诚"字。"诚"作为最高的德性，是君主素质的根本。（以上引文见《中庸》第二十章）

（5）德性宇宙

《中庸》认为，道德主体如果能够诚身合天，不仅能够成就一个道德社会，而且可以与天地并立。第二十二章说："唯天下至诚，为能尽其性；能尽其性，则能尽人之性；能尽人之性，则能尽物之性；能尽物之性，则可以赞天地之化育；可以赞天地之化育，则可以与天地参矣。"意思是，只有极其真诚的人，才能充分发挥自己的本性；能充分发挥自己的本性，才能充分发挥众人的本性；能充分发挥众人的本性，才能充分发挥万物的本性；能充分发挥万物的本性，就可以帮助天地化育生命；能帮助天地化育生命，就可以与天地并列为三了。也就是说,至诚的道德主体,与天地具有相同的性质和作用,成为天地的合作者以及万物的治理者,因此成为宇宙的第三极(人极)而与天地并列。由于"人极"为天地立心,于是三者构成了充溢着圣人之道的德性宇宙。

总之,《中庸》包含一个道德形上学的思想体系,它以道德本体为始基,以道德主体为核心,展现了一个本于"诚"的天道与人道相贯通、个人与社会相协调、人类与宇宙相和谐的架构。